申丹 总主编

"北京大学人文学科文库"编委会

顾问：袁行霈

主任：申　丹

副主任：阎步克　张旭东　李四龙

编委：（以姓氏拼音为序）

曹文轩　褚　敏　丁宏为

付志明　韩水法　李道新

李四龙　刘元满　彭　锋

彭小瑜　漆永祥　秦海鹰

荣新江　申　丹　孙　华

孙庆伟　王一丹　王中江

阎步克　袁毓林　张旭东

方李邦琴北京大学人文学科文库出版基金赞助
本丛书由北京大学外国哲学研究所、北京大学哲学系主持

北大外国哲学研究丛书

西方近代早期政治哲学的起源和形态

The Origins and Forms of Western Political Philosophy in the Early Modern Time

赵敦华 著

图书在版编目(CIP)数据

西方近代早期政治哲学的起源和形态 / 赵敦华著. —北京：北京大学出版社,2022.10
(北京大学人文学科文库·北大外国哲学研究丛书)
ISBN 978-7-301-33477-5

Ⅰ.①西… Ⅱ.①赵… Ⅲ.①政治哲学—政治思想史—西方国家—近代 Ⅳ.①D091

中国版本图书馆CIP数据核字（2022）第193095号

书　　　名	西方近代早期政治哲学的起源和形态 XIFANG JINDAI ZAOQI ZHENGZHI ZHEXUE DE QIYUAN HE XINGTAI
著作责任者	赵敦华　著
责任编辑	田　炜
标准书号	ISBN 978-7-301-33477-5
出版发行	北京大学出版社
地　　　址	北京市海淀区成府路205号　100871
网　　　址	http://www.pup.cn　新浪微博:@北京大学出版社
电子信箱	pkuwsz@126.com
电　　　话	邮购部 010-62752015　发行部 010-62750672 编辑部 010-62750577
印　刷　者	大厂回族自治县彩虹印刷有限公司
经　销　者	新华书店
	720毫米×1020毫米　16开本　14印张　195千字 2022年10月第1版　2022年10月第1次印刷
定　　　价	59.00元

未经许可，不得以任何方式复制或抄袭本书之部分或全部内容。
版权所有，侵权必究
举报电话: 010-62752024　电子信箱: fd@pup.pku.edu.cn
图书如有印装质量问题，请与出版部联系，电话: 010-62756370

总　序

袁行霈

人文学科是北京大学的传统优势学科。早在京师大学堂建立之初，就设立了经学科、文学科，预科学生必须在5种外语中选修一种。京师大学堂于1912年改为现名，1917年，蔡元培先生出任北京大学校长，他"循思想自由原则，取兼容并包主义"，促进了思想解放和学术繁荣。1921年北大成立了四个全校性的研究所，下设自然科学、社会科学、国学和外国文学四门，人文学科仍然居于重要地位，广受社会的关注。这个传统一直沿袭下来，中华人民共和国成立后，1952年北京大学与清华大学、燕京大学三校的文、理科合并为现在的北京大学，大师云集，人文荟萃，成果斐然。改革开放后，北京大学的历史翻开了新的一页。

近十几年来，人文学科在学科建设、人才培养、师资队伍建设、教学科研等各方面改善了条件，取得了显著成绩。北大的人文学科门类齐全，在国内整体上居于优势地位，在世界上也占有引人瞩目的地位，相继出版了《中华文明史》《世界文明史》《世界现代化历程》《中国儒学史》《中国美学通史》《欧洲文学史》等高水平的著作，并主持了许多重大的考古项目，这些成果发挥着引领学术前进的作用。目前北大还承担着《儒藏》《中华文明探源》《北京大学藏西汉竹书》的整理与研究工作，以及《新编新注十三经》等重要项目。

　　与此同时，我们也清醒地看到，北大人文学科整体的绝对优势正在减弱，有的学科只具备相对优势了；有的成果规模优势明显，高度优势还有待提升。北大出了许多成果，但还要出思想，要产生影响人类命运和前途的思想理论。我们距离理想的目标还有相当长的距离，需要人文学科的老师和同学们加倍努力。

　　我曾经说过：与自然科学或社会科学相比，人文学科的成果，难以直接转化为生产力，给社会带来财富，人们或以为无用。其实，人文学科力求揭示人生的意义和价值，塑造理想的人格，指点人生趋向完美的境地。它能丰富人的精神，美化人的心灵，提升人的品德，协调人和自然的关系以及人和人的关系，促使人把自己掌握的知识和技术用到造福于人类的正道上来，这是人文无用之大用！试想，如果我们的心灵中没有诗意，我们的记忆中没有历史，我们的思考中没有哲理，我们的生活将成为什么样子？国家的强盛与否，将来不仅要看经济实力、国防实力，也要看国民的精神世界是否丰富，活得充实不充实，愉快不愉快，自在不自在，美不美。

　　一个民族，如果从根本上丧失了对人文学科的热情，丧失了对人文精神的追求和坚守，这个民族就丧失了进步的精神源泉。文化是一个民族的标志，是一个民族的根，在经济全球化的大趋势中，拥有几千年文化传统的中华民族，必须自觉维护自己的根，并以开放的态度吸取世界上其他民族的优秀文化，以跟上世界的潮流。站在这样的高度看待人文学科，我们深感责任之重大与紧迫。

　　北大人文学科的老师们蕴藏着巨大的潜力和创造性。我相信，只要使老师们的潜力充分发挥出来，北大人文学科便能克服种种障碍，在国内外开辟出一片新天地。

　　人文学科的研究主要是著书立说，以个体撰写著作为一大特点。除了需要协同研究的集体大项目外，我们还希望为教师独立探索，撰写、出版专著搭建平台，形成既具个体思想，又汇聚集体智慧的系列研究成果。为此，北京大学人文学部决定编辑出版"北京大学人文学科文库"，旨在汇集新时代北大人文学科的优秀成果，弘扬北大人文学科的学术传统，展示北大人文学科的整体实力和研究特色，为推动北大世界一流大学建设、促进人文学术发展做出贡献。

我们需要努力营造宽松的学术环境、浓厚的研究气氛。既要提倡教师根据国家的需要选择研究课题，集中人力物力进行研究，也鼓励教师按照自己的兴趣自由地选择课题。鼓励自由选题是"北京大学人文学科文库"的一个特点。

我们不可满足于泛泛的议论，也不可追求热闹，而应沉潜下来，认真钻研，将切实的成果贡献给社会。学术质量是"北京大学人文学科文库"的一大追求。文库的撰稿者会力求通过自己潜心研究、多年积累而成的优秀成果，来展示自己的学术水平。

我们要保持优良的学风，进一步突出北大的个性与特色。北大人要有大志气、大眼光、大手笔、大格局、大气象，做一些符合北大地位的事，做一些开风气之先的事。北大不能随波逐流，不能甘于平庸，不能跟在别人后面小打小闹。北大的学者要有与北大相称的气质、气节、气派、气势、气宇、气度、气韵和气象。北大的学者要致力于弘扬民族精神和时代精神，以提升国民的人文素质为己任。而承担这样的使命，首先要有谦逊的态度，向人民群众学习，向兄弟院校学习。切不可妄自尊大，目空一切。这也是"北京大学人文学科文库"力求展现的北大的人文素质。

这个文库目前有以下17套丛书：

"北大中国文学研究丛书" （陈平原 主编）
"北大中国语言学研究丛书" （王洪君 郭锐 主编）
"北大比较文学与世界文学研究丛书"（张辉 主编）
"北大中国史研究丛书" （荣新江 张帆 主编）

"北大世界史研究丛书"	（高毅 主编）
"北大考古学研究丛书"	（沈睿文 主编）
"北大马克思主义哲学研究丛书"	（丰子义 主编）
"北大中国哲学研究丛书"	（王博 主编）
"北大外国哲学研究丛书"	（韩水法 主编）
"北大东方文学研究丛书"	（王邦维 主编）
"北大欧美文学研究丛书"	（申丹 主编）
"北大外国语言学研究丛书"	（宁琦 高一虹 主编）
"北大艺术学研究丛书"	（彭锋 主编）
"北大对外汉语研究丛书"	（赵杨 主编）
"北大古典学研究丛书"	（李四龙、彭小瑜、廖可斌 主编）
"北大人文学古今融通研究丛书"	（陈晓明、彭锋 主编）
"北大人文跨学科研究丛书"	（申丹、李四龙、王奇生、廖可斌主编）[1]

这17套丛书仅收入学术新作，涵盖了北大人文学科的多个领域，它们的推出有利于读者整体了解当下北大人文学者的科研动态、学术实力和研究特色。这一文库将持续编辑出版，我们相信通过老中青学者的不断努力，其影响会越来越大，并将对北大人文学科的建设和北大创建世界一流大学起到积极作用，进而引起国际学术界的瞩目。

---

[1] 本文库中获得国家社科基金后期资助或入选国家社科基金成果文库的专著，因出版设计另有要求，因此加星号标注，在文库中存目。

"北大外国哲学研究丛书"序言

北京大学是中国最早系统开设外国哲学课程,从事外国哲学研究的教育和学术机构。而在近代最早向中国引进和介绍外国哲学的先辈中,北大学者乃属中坚力量。自北大开校以来一百二十多年的历史中,名家辈出,成绩斐然,不仅有功于神州的外国哲学及其他思想的研究,而且也有助于中国现代社会的变迁。自20世纪80年代以降,北大外国哲学研究进入了一个新时期,学术领域不断拓展,学术视野日趋开阔,不同观点百家争鸣,学术风气趋向自由。巨大的转变,以及身处这个时代的学者的探索与努力带来了相应的成果。一大批学术论文、著作和译著陆续面世,开创了新局面,形成了新趋势。

21世纪初,在上述历史成就的背景之下,有鉴于北大外国哲学研究新作迭出,新人推浪,成果丰富,水平愈高,我们决定出版"北大外国哲学研究丛书",计划陆续推出北大外国哲学研究领域有价值、有影响和有意义的著作,既展现学者辛勤劳作的成果,亦使读者方便获得,并有利于与国内外同行交流。

中国的外国哲学研究是一项巨大的学术事业,国内许多大学和科学院的哲学机构都大力支持和促进这项事业的发展,使之在纵深和高度上同时并进。而在今天,中国的外国哲学研究亦越来越国际化,许多一流的国际学者被请至国内各大学开设课程,做讲演,参加各种会议和工作坊。因此，研究人才的水平迅速提高，研究成果的质量日益升华。在这样一个局面之下，北京大学的外国哲学研究虽然依然保持领先地位，但要维持这个地位并且更上层楼，就要从各个方面加倍努力，本套丛书正是努力的一个体现。

"北大外国哲学研究丛书"第一辑在商务印书馆出版，发行之后，颇得学界肯定。第二辑移至北京大学出版社出版，亦得到学界好评。此套丛书只是展现了北大外国哲学研究的一个侧面，因为它所收录的只是北京大学外国哲学研究者的部分著作，许多著作因为各种原因未能收入其中。当时的计划是通过持续的努力，将更多的研究著作汇入丛书，以成大观。

北京大学人文学部于2016年启动了"北京大学人文学科文库"，"北大外国哲学研究丛书"被纳入了这个文库之中，进入了它第三辑的周期。与前二辑不同，按照"北京大学人文学科文库"的准则，本辑只收录著作，而不包括论文集。我们希望，通过这个文库，有更多的外国哲学研究的优秀著作在这个丛书中出版，并在各个方面都更上层楼，而为北京大学的外国哲学研究踵事增华。

韩水法
2019年6月1日

目 录

前　言 ··· 1
　一、西方文明传统的中世纪来源 ································ 2
　二、现代的开端和标志 ·· 8
　三、早期近代政治哲学文本的哲学诠释 ······················ 11

第一章　近代政治哲学的中世纪背景 ······················· 17
　一、神正论问题 ··· 17
　二、"双城论" ·· 25
　三、自然法学说 ··· 33
　四、人文主义的价值观及其政治理念 ························ 46

第二章　近代早期政治哲学的基础 ·························· 66
　一、路德神学 ·· 68
　二、加尔文主义 ··· 81
　三、新教末世论的历史观 ······································ 101
　四、新教改革的现代性特征 ··································· 108

第三章　霍布斯的政治哲学 ··································· 110
　一、引子：早期近代哲学与《圣经》解释 ··················· 110

二、"利维坦"是如何建立的？……………………………………113
　　三、霍布斯的《圣经》解释的性质和特点……………………120

第四章　斯宾诺莎的政治哲学………………………………………131
　　一、斯宾诺莎的信仰……………………………………………131
　　二、斯宾诺莎是自然神论者吗？………………………………138
　　三、神学—政治问题如何解决？………………………………141

第五章　洛克的政治哲学……………………………………………152
　　一、洛克的信仰与政治哲学关系问题…………………………152
　　二、谁应当拥有权力？…………………………………………158
　　三、自然法和自然权利…………………………………………165
　　四、社会契约和国家制度………………………………………172
　　五、宗教宽容和《圣经》解释…………………………………182

结束语：洛克和启蒙运动……………………………………………189

参考文献………………………………………………………………201

前　言

17—19世纪在西方是一个天崩地裂、革命反正的时代，中文通称近代，但外文没有"近代"这个词，称作"早期现代"（early modern）。无论如何，思想界已有两个共识：第一，这是现代化肇始的时代，欧洲国家荷兰、英国、法国和德国，以及英国原殖民地美国，纷纷走上了现代化道路；第二，现代化实际上是世俗化。现代相对于传统而言，世俗相对于神圣而言，而"化"则表示从传统到现代，从神圣到世俗的根本转变过程。

我们现在谈到近代西方现代化、世俗化如此自然，近乎常识，殊不知在现代化、世俗化等说法的背后，有各种不同解释模式：有的"向后看"，偏向古典和中世纪传统；有的"向前看"，偏向现代学说。无论"向后看"还是"向前看"，又有偏向世俗性或者偏向神圣性的分歧。一个流行的解释模式的首创者和追随者组成了通常所说的学派。近代政治哲学的解释是个热门话题，围绕这个话题，国外形成不少学派，其中对国内影响较大的学派有以斯金纳为代表的剑桥学派、施特劳斯学派、沃格林学派和伯尔曼的"法律革命"派。不同学派在这个问题或那个问题上的观点交叉重叠。本项目研究不准备采用某派的解释模式，但对某些问题的观点不免与这个或那个学派有错综复杂的关系，借鉴、复述和批评、反驳皆不可免。我们在每一章都会对国外有代表性的学派和人物的观点做一番梳理,旨在表明本项目研究与流行诸解释模式的异同,以免在之后对具体人物和文本的解释细节中显得局促琐碎。

一、西方文明传统的中世纪来源

一说起西方,人们常常"言必称希腊",古希腊似乎是西方文明一切形态的源头,举凡哲学、文学、艺术、历史学、科学、政治学等等,无不起源于古希腊。由于长期在西方世界盛行的基督宗教,是在希腊化时代巴勒斯坦的犹太教中脱胎而出,自东向西席卷罗马帝国,变成在欧洲占统治地位的宗教。于是,希腊—希伯来的"两希"起源说显得是一个更全面的解释模式。在此模式中,地中海地区的古代霸主罗马被视为希腊化的文化附庸,中世纪的"神圣罗马帝国"和东罗马帝国被视为名不副实或无足轻重的政治实体,18世纪的狄尔泰甚至嘲笑说,它既不神圣也不在罗马,更不是帝国。更有甚者,中世纪被视为希伯来宗教吞噬古希腊文明的黑暗时代,只是在黑暗时代之后,希腊罗马文化才被纳入西方文明之中。这个解释模式名曰"两希",其实和希腊起源说没有实质区别,因为它把西方文化中的黑暗面归咎于希伯来的宗教性,而把其中的光明和先进归结为希腊文明传统。

所幸,学术研究用历史事实逐步为中世纪恢复了名誉,洗白了"黑暗时代"的指控。我们可以把学术研究的这一"逐步"进展概述为三个步骤。第一步,人们发现,9世纪卡罗林王朝的教育复兴,已经在4个多世纪蛮族入侵造成的无序、破坏和黑暗中,燃起了光明。但新一轮蛮族入侵延缓了文化复兴,从11世纪起,中世纪教育制度加速运转,文学、神学和哲学逐步复兴,与15世纪大规模的文艺复兴运动相对接。这个连续的发展过程表明,中世纪与近现代文化的区分是不同程度的划分，而不是野蛮与文明的根本差别。第二步，经济学、社会学、科技史等领域的研究表明，自11世纪起，农业生产恢复，手工业发展，城市繁荣，出现了早期市民社会。第三步，法学史研究表明，同一时期，借鉴罗马法，开始建立适用于全社会的法律制度。如果说，第一步涉及中世纪精神文明，第二步涉及物质文明，那么第三步涉及的是制度文明，中世纪的文明程度被全面展示出来。

上述第一和第二步，到20世纪中叶基本完成了。第三步的工作在很大程度上得益于伯尔曼1983年出版的《法律与革命》。他在该书《导论》中的第一句写道：

> 本书讲述的是下面的历史：曾经有一种称作"西方的"文明，这种文明发展出了独特的"法律的"制度、价值和概念；这些西方的法律制度、价值和概念被有意识地世代相传数个世纪，由此而开始形成一种"传统"；西方法律传统产生于一次"革命"。[1]

伯尔曼首先提出了什么是"西方"（the West）的问题。他说，这不是一个地理概念，

> 西方是不能借助罗盘找到的。地理上的边界有助于确定它的位置，但这种边界时时变动。而西方是具有强烈时间性的文化方面的词。不过，它不仅仅是一种思想；它也是一个社会共同体。它意指历史的结构和结构化了的历史两个方面。[2]

他还说，"西方"的特征可从许多不同的方面来概括，"这取决于该种概括的目的"。按照与东方文明相区别的目的，西方文明"被认为

---

[1] 伯尔曼：《法律与革命》（第一卷），法律出版社2008年版，第1页。
[2] 同上书，第2页。

包括继承古希腊和罗马遗产的全部文化"，而东方文明"主要包括伊斯兰、印度和'远东'"。如果按照二战后"冷战"的目的，"东方"和"西方"则用来"区别共产主义国家和非共产主义国家"。但这种带有任意性的区分没有太大意义，伯尔曼说，按照"冷战"目的的区分，"从布拉格到东京的货物运输被认为是一种从东方到西方的运输"。[1]

顺便插一句：我们也可以说，把伊斯兰、印度和中国、日本等文明都归于"东方"，没有什么意义，因为一般来说，它们之间的差别也许比与西方的差别更大。

伯尔曼关心的是如何在西方内部界定西方文化的传统。他说：

> 西方作为一种历史文化和一种文明，不仅区别于东方，而且区别于在"文艺复兴"各个时期所曾"恢复"的"前西方"文化。这种恢复和复兴是西方的特征。它们并不混同于自己曾从中吸取灵感的模式。"以色列""古希腊"和"古罗马"变成西方文明的精神原型，主要的不是通过一个保存或继承的过程，而是通过采纳的过程，即：西方把它们作为原型加以采纳。除此，它有选择地采用了它们，在不同时期采用了不同部分。[2]

令人感兴趣的有三点。第一，"文艺复兴"的各个时期所要恢复的文化是"前西方"的。如果我们理解，打引号的"文艺复兴"各个时期，不是通常所说的 15 世纪的文艺复兴运动，而是指 11 世纪开始的文化。就是说，西方文明传统既不直接来自古希腊－罗马，也不是基督教的产物，而是在 11 世纪之后的中世纪中形成的，在此之前，谈不上"西方文明传统"，它充其量只是基督教传统的定型和古希腊传统的余绪。如果把 15 世纪算作中世纪晚期，那么狭义的文艺复兴运动也属于现在所说的

---

[1] 伯尔曼：《法律与革命》（第一卷），法律出版社 2008 年版，第 2 页。
[2] 同上书，第 2—3 页。

西方文明传统的起源期，而且是其高潮。第二，这些"前西方"的文化包括"以色列""古希腊"和"古罗马"，这就在"两希"起源说的基础上补充了古罗马的第三个来源。这三个精神原型在11—15世纪的融合铸造了西方文明传统的开端。第三，这三个"前西方"的"原型"曾分别是希腊人、犹太人和罗马人的独立传统，但被有选择、有重点地吸收在西方文明传统之中，成为相互依存、各有侧重的三种精神要素。概括地说，西方文明传统采纳的古希腊原型是希腊理性精神，以色列原型是希伯来宗教精神，而罗马原型是罗马法制。伯尔曼的贡献是阐明了11—12世纪之交的格列高利教皇的"法律革命"把希腊理性、罗马法制和基督教神学结合为一个整体，"导致了第一个西方近代（modern）法律体系即罗马天主教'新教会法'（jus novum）的形成，并且最终也导致了王室的、城市的和其他新的世俗法律体系的形成"[1]。

伯尔曼正确地指出，"在1050—1150年之前的欧洲与此后的欧洲之间确实存在着根本的断裂"，但他把这一时期当作"近代"（modern）与"当代"（contemporary）的分界线不符合语言常规。西文中没有与中文"近代"相对应的单词，而用"现代前期"（early modern）这一词组表示中文"近代"的意思。西文的"当代"的原义是"同一时期"（contemporary），如伯尔曼所说，当代适用于1945年以后的时期。但他进一步要求"不应在'西方'与'现代'（modern）这两个词语之间作明显的区分"。照他的说法：

> 在西方，现代起源于1050—1150年这一时期而不是此前时期（and not before），这不仅包括近代的法律制度和近代的法律价值，而且也包括近代的国家、近代的教会、近代的哲学、近代的大学、近代的文学和许多其他近代事物。[2]

---

[1] 伯尔曼：《法律与革命》（第一卷），法律出版社2008年版，第2页。
[2] 同上书，第4页。

在伯尔曼论述的法律史范围之内，把 1050—1150 年的"教皇革命"当作现代法律制度的起源也许勉强说得通。[1] 但如果说这一时期开创了现代国家、现代教会、现代哲学、现代文学和其他现代事物，那就未免夸大其词了。中文译者把 modern 译作"近代"，意在淡化夸张，但立即造成一个问题：近代（现代早期）与一般意义上的现代（现代后期）的分界线和区别何在？《法律与革命》第一卷阐述了"教皇革命"，第二卷"导论"接着指出此后发生的两次新教革命与法国革命、美国革命和俄国革命，但正文只论述 16—17 世纪路德宗在德国和加尔文宗在英国创立的新的法律体系。虽然否定"教皇革命"之后属于"中世纪"范畴，伯尔曼承认："应该欢迎一种新的分期，它来自法律史，把 16 世纪和 17 世纪的新教改革时期当作一个转变时期，现代性的第二个阶段。"[2]

《法律与革命》的论述把法律史、法理学和法哲学交织在一起，而法哲学与政治哲学有密切联系，在德国简直就是一回事。本书的政治哲学研究从那本书中获得了不少启发，特别是接受了把 11 世纪当作西方文明传统开端的解释模式。我与伯尔曼之间的分歧，部分出自语词使用的考量，部分出自对相关学术派别的不同评价。我认为没有必要把西方文明传统的起源期与"中世纪"的概念切割开来，硬要把中世纪的"西方文明"与"现代"直接挂钩。在我看来，只要不把整个中世纪等同于"黑暗时代"，承认中世纪与现代的发展有连续性，承认西方文明传统起源于中世纪又何妨呢？诚如伯尔曼所说，"历史的分期，有强烈的政治内涵"[3]。伯尔曼不满于马克思主义历史学派把"中世纪"的内涵规定为"封建制度"的阶级分析，也不满于"韦伯和他的追随者接受了马克思主义者的历史编纂，它将社会的发展追溯至从封建主义到资本主义，因而

---

[1] 彭小瑜批评说，"伯尔曼得出的有些结论现在是经不起推敲的。他的著作应该是法律学学生和学者方便的富有启发性的参考书，不过对历史学者来说就相当粗糙了"，"法制史学者晚期的研究推翻了伯尔曼所接受的看法"。参阅彭小瑜：《教会法研究》，商务印书馆 2003 年版，第 23、25 页。
[2] 伯尔曼：《法律与革命》（第二卷），法律出版社 2008 年版，第 390 页。
[3] 同上。

把新教改革视为新兴的资本主义精神"[1]。在我看来,只要不把马克思唯物史观和韦伯的宗教社会学解释当作严格决定论,承认新教改革具有资本主义变革的划时代意义又何妨呢?

本研究吸收了伯尔曼关于"西方"和"传统"的合理解释,同时承认常规史学关于中世纪和现代的区分,把1500年的中世纪思想当作西方文明传统的起源和整合。11—12世纪之交古希腊、以色列和古罗马三个精神原型的整合标志着西方文明的开始。但是,Roma non est uno die condita("罗马不是一天建成的")。在此之前,这三者业已两两结合:希腊化时期,希腊理性和罗马法制结合为自然法学说,而基督教的诞生是希腊理性与希伯来宗教结合为基督教神学的过程,在此基础之上,造就了整合三者的法律体系。如下图所示。

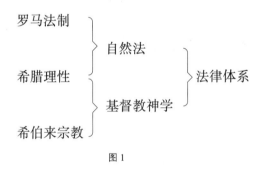

图1

11—12世纪之后建立的法律体系作为西方文明传统的最初果实,不但持续促进制度文明的成熟和发展,而且在法制的框架之内,促进物质文明和精神文明的繁荣,中世纪精神文明和物质文明在15世纪文艺复兴运动中达到高潮,经过5个多世纪的发展,中世纪肇始的西方文明在自身中准备和孕育了现代文明所需的物质的、精神的和制度的资源。从表面上看,它们似乎只是希腊文化的恢复,实际上这种"恢复"不过是在

---

[1] 伯尔曼:《法律与革命》(第二卷),法律出版社2008年版,第390—391页,另参阅第25—26页。

中世纪背景下的整合和发展。

如果把 16 世纪兴起的宗教改革作为近代的标志,我们也可以更好地阐明从中世纪到现代过渡的连续性。宗教改革与文艺复兴运动在时间上有一段重叠,文艺复兴运动的人文主义领袖和著名学者多有改革罗马教会的主张和观点,而宗教改革的领袖也接受过人文主义教育的熏陶,自觉或不自觉、或多或少地利用人文主义提供的思想资源,为基督中心论的神学纲领服务。由于文艺复兴运动和宗教改革在时间上和思想上的重叠交错,历史学家往往把两者当作同一历史时期,而把现代性推延到宗教改革之后的政治、经济、文化和思想的历史事件之中。

二、现代的开端和标志

从思想史的角度看,文艺复兴运动属于中世纪晚期,"中世纪"的思想是罗马天主教在法律、政治和文化等领域的统治,而"现代"思想的特征恰恰是摆脱罗马天主教的统治,首先是从宗教改革大规模的社会变革开始的。法国当代政治哲学家皮埃尔·莫内的《自由主义思想史》认为:

> 现代自由主义的内容来自早期欧洲人为了把他们从天主教会的思想和政治影响中解放出来而选择的一个根本的政治取向;采纳这一取向需要自由主义奠基者——马基雅维利、霍布斯和洛克提供的理论资源;自由理论和实践后来的展开可以被理解为最初选择取得的结果;我们时代的政治挫折依然来自我们的前辈在三四个世纪之前选择自由主义立场时产生的那些强有力的悖论。[1]

---

[1] Jerrold Seigel, *Foreword to Pierre Manent, An Intellectual History of Liberalism*, trans. Rebecca Balinski, Princeton University Press, 1987, p. viii.

正如作序者西格尔所说,莫内对自由主义采取批判立场,他把马基雅维利列入现代自由主义奠基者行列显然受施特劳斯的影响。但我可以同意把政治生活和思想一体化看作现代性的特征,也可以同意他所说现代政治开始于摆脱罗马天主教的解放,以及他所说,在取得摆脱罗马天主教的自由之后,社会思想和生活逐步多元化,造成了困扰启蒙时代和当代的理论困境。虽然这一切未必都要归咎于自由主义思想。

莫内所说近代早期欧洲人摆脱罗马天主教会思想和政治影响的根本的政治选择就是宗教改革争得的自由权利,在此意义上,宗教改革是近代(现代早期)的开始。宗教改革中社会政治思想的基调是新教神学。天主教思想被概括在神学-哲学一体化的经院哲学体系之中,只有打破这个体系,神学(包括新教和天主教的神学)才能被近代哲学所转化和接纳,才能成为近代政治哲学的重要资源。斯金纳的成名作《现代政治思想的基础》[1]分两卷,第一卷"复兴时期"集中阐释中世纪晚期马基雅维利和托马斯·莫尔的文本,而没有涉及国家的现代概念,第二卷"宗教改革时代"分别考察近代早期政治思想,即路德宗、天主教和加尔文宗的神学思想。斯金纳对宗教改革时代神学思想局限性的结论——如路德宗的绝对王权理论,天主教的宪政思想走向自己的反面,加尔文主义的革命理论"实际上没有任何专属于加尔文主义自己的因素"[2],只不过吸收了路德宗的抵抗思想和天主教的宪政思想,增加了自觉的严格纪律的革命派的新的意识形态和新的人格——进行了质疑和反驳。

这些质疑有道理,但可以辩护的是,如斯金纳那部著作的标题所示,它"并不是对16世纪的政治思想的考察,而是揭示现代政治思想的基础"[3]。就是说,斯金纳围绕近代政治国家理论的问题,有选择地阐释

---

[1] Quentin Skinner, *The Foundations of Modern Political Thought*, vol. II, Cambridge University Press, 1978.
[2] 参阅 Nathan Tarcov, op. cit.; 何涛:《加尔文政治思想研究路径反思:论斯金纳〈近代政治思想的基础〉下卷对加尔文的误读》,《政治思想史》2014年第3期。
[3] Nathan Tarcov, "Political Thought in Early Modern Europe, II: The Age of Reformation", in *The Journal of Modern History*, 1982, 54(1), p. 61.

近代政治思想的基础和理论资源。他认为中世纪晚期不属于近代，尚未思考现代国家的问题，而宗教改革时代路德宗、天主教和加尔文主义神学家们才提出了现代国家的政治理论的各种可能性，但尚不是成熟的理论。事实上，近代政治哲学是在17世纪宗教改革后期在这些神学基础上发展起来，分别从理性上论证了绝对主义、宪政主义和反对专制主义的政治理论，由此才成为名副其实的政治哲学，而不是神学的政治主张。斯金纳认为，17世纪后期洛克《政府论》的政治哲学吸收消化了宗教改革时代的各种神学资源。[1]

斯金纳及其剑桥学派是否偏爱洛克，洛克思想能否融汇宗教改革时代的思想，这些当然是可以不断讨论的问题。我看重的是斯金纳始终强调的方法论自觉意识，他要求写出"有真正的历史特征的政治思想史"，思想史需要解读经典，但斯金纳更强调文本写作的社会历史处境，基于文本解读的"历史更多专注于意识形态历史，而比传统方法较少关注经典文本"。研究意识形态的目的不是建立理论与实践的联系，而是"构建一个适合于安置重要理论家著作的一般框架"，从而"用更清晰镜像的理解回到经典文本本身"。社会历史处境中的文本解读可以提供早期社会现实主义的图景，理解各种政治思想如何实际运作，而不是在脱离同时代人的抽象的理智层面思考政治生活的问题，从而建立"政治理论与政治生活更密切的联系"[2]。

斯金纳对宗教改革时代神学思想的考察构造了其后产生的近代政治哲学著作的解释框架（绝对主义、宪政主义、革命的激进主义），在其中我们可以理解这些哲学文本的合理性及其政治设计的合法性和正当性。合理性可以在纯粹的理智的知识论和形而上学层面加以论证，但合法性和正当性总是在一定的意识形态之中才能成立，而宗教改革时代的

---

[1] Quentin Skinner, *The Foundations of Modern Political Thought*, vol. II, Cambridge University Press, 1978, pp. 174-175, 239, 328, 338-339, 347-348.

[2] Ibid., pp. x-xiii.

意识形态是新教和天主教的神学。这就是为什么最早的近代哲学文本必须在宗教改革时代的社会环境里，在当时神学的框架中或基础上才能得到有效的理解。本研究采取这种社会历史处境解读法，但不意味着完全接受斯金纳学派的结论，尤其是他们解读近代政治哲学文本所得的那些结论。

三、早期近代政治哲学文本的哲学诠释

虽然宗教改革是近代的序幕，但近代哲学及其政治哲学一般而言还没有登上历史舞台。

近代哲学一般都是从批判经院哲学开始的，虽然哲学史家一般同意批判不等于断裂，但近代哲学在多大程度和范围内保留了与经院哲学的连续性，哲学史家有不同的意见。也许有一点是可以确定的：近代哲学用新体系取代了经院哲学的体系，在新的体系中转化和消费经院哲学的某些论题和观点。这一点在近代政治哲学中尤为明显，霍布斯、斯宾诺莎、洛克、卢梭、康德和黑格尔等人在提出和论证政治哲学观点时，所针对的首先是经院哲学或受中世纪传统影响的那些政治思想，而又不能完全忽视中世纪开始的西方文明传统，而是或明或暗、或多或少地吸收中世纪或同时代的天主教思想。如果说，宗教改革是近代政治哲学的基础，那么中世纪思想就是近代政治哲学的背景，如果离开了这个背景，连宗教改革时代的新教神学都难以把握，更不要说近代政治哲学了。

"背景"和"基础"的关系，相当于哲学方法论中"视域"（horizon）和"视角"（perspective）。"视域"和"视角"本来是看景的比喻，看戏的舞台是视域，而观众的座位是视角。如果观看西方近代政治哲学的大戏，那么宗教改革是舞台，而中世纪开始的西方文明传统是一幅幅变换的背景。

无论视域还是视角，都不单单是为哲学家设置的。如前所述，中世

纪传统是希腊哲学、希伯来宗教和罗马法的整合。由于当代学科高度分化，不同学科的专家在中世纪背景中解读近代政治思想的文本，除了哲学视角的解读之外，还有历史学、社会学、政治学、文学、语言学、心理学、法学乃至自然科学等专业视角以及它们之间的交叉，每个专业视角的解读自圆其说，似乎没有或不必有什么公论。

本项目是哲学研究，当然要从哲学观点解读传统上被列为政治哲学的经典文本。按照斯金纳所提倡的社会历史处境中的文本解读方法，我们将在宗教改革神学的基础上和框架中解释三个早期近代政治哲学家——霍布斯、斯宾诺莎和洛克——的经典著作。我们的哲学解读要求处理三个关系：一是要摆脱当代英美哲学不顾社会历史条件只分析文本逻辑论证的解读方法，二是避免陷入个人生平和作品细节的历史学考证，三是分清政治哲学与政治思想史的界限。斯金纳、沃格林和伯尔曼在方法论上能够满足前两个要求，但他们的研究领域属于一般意义的政治思想史，而不是政治哲学史；施特劳斯学派专攻政治哲学经典的解读，但他们在政治哲学文本中读出作者细微意义的秘传，而不是政治哲学与政治生活的公共性。我们的政治哲学解读与他们的政治思想史或"秘传"的解读有什么不同呢？

珍·莱卡在2010年发表的《60年来的政治科学中的政治哲学》的综述中，叙述了政治和哲学之间既冲突又结盟的张力："哲学是思辨的路线，而政治是活动的路线"；"哲学关心的是真理，而政治关心的是权力，或更准确地说，社会权力的强制使用"；从柏拉图开始的政治哲学"在真理中引进可能的强制力，伴随着雄辩、说服、妥协和谈判。活动的路线或被视为哲学活动的一部分，或被视为实践的理论"；直到马克思，"哲学把政治变成现实而消灭自身"的重建中，政治哲学或者趋于消失，或者收缩为必要的主题。"[1] 莱卡说，自1970年代以来，政治哲学被

---

[1] Jean Leca, "Political Philosophy in Political Science: Sixty Years on", in *International Political Science Review*, 2010, 31(5), p. 525.

看作政治理论的一部分，既不是经验的，也不是形式和科学的。如此看来，政治哲学不再是一门历史科学，历史上哲学家的政治思考和活动属于政治思想史范畴，政治哲学成为政治科学与哲学交叉领域。政治哲学的哲学主题包括三个领域："政治本体论（如亚里士多德的城邦，卢梭的公意，奥克肖特的经验样式）、政治认识论（政治知识的结构，工具和效用）和政治逻辑（论证，语言和战略原则）"[1]；而政治哲学的政治主题包括"秩序、民主、共同体、平等、合法性、正义、叙事性"[2]。不过，作者也看到政治哲学中的宗教因素："自然法通常在哲学中曾经被当作和不同宗教形式共同的东西，这个观点现在仍然被广泛承认，只是'宗教'被'文化'和'文明'所补充或取代。"[3]

本研究集中于近代政治哲学奠基者霍布斯、斯宾诺莎和洛克的经典著作解读，根据政治哲学和政治科学交叉的趋向，本研究的解读与西方政治思想史和政治哲学主要学派或其他重要观点具有不同的特点：

首先，对近代早期政治哲学家思想的解读属于政治思想史范畴，就是说，要在他们生活的社会历史条件下理解和阐述他们写作的文本的意义。历史处境中的文本解读法可以帮助我们解决阅读文本的困惑。比如，这三位哲学家都用社会契约论解释国家主权的来源和合法性，体现了现代政治与中世纪人对主权的不同理解，马克思站在后期启蒙的立场上评论说，霍布斯、斯宾诺莎、卢梭等近代哲学家"已经开始用人的眼光来观察国家了，他们从理性和经验出发，而不是从神学出发来阐明国家的自然规律"。这种观点有充足的理由，已被广泛接受。但令人困惑的是，社会契约论三部奠基之作《利维坦》《神学政治论》和《政府论》中用大量篇幅谈论《圣经》。人们通常认为他们大谈《圣经》不是神学解释，只是为了反对当时流行的君权神授观，或是对偏离社会契约论核

---

[1] Jean Leca, "Political Philosophy in Political Science: Sixty Years on", in *International Political Science Review*, 2010, 31(5), p. 527.

[2] Ibid., p. 533.

[3] Ibid., pp. 525-538.

心观点的插叙、枝蔓或附录,现在已没有政治哲学的意义。但是,如果考虑到宗教改革时代新教"唯有圣经"信仰的普遍流行,我们就不能按照启蒙时代观点认为他们可以偏离或否定《圣经》的权威。对此,施特劳斯用"秘传法"解释说,他们的《圣经》解释隐藏着反基督教信仰的微言大义。但这只是对霍布斯、斯宾诺莎和洛克"反信仰"动机的猜测。与他们文本中面对"无神论"或"自然神论"的指控所作的信仰告白以及他们生平表现的大无畏的历史事实不相符合。

斯金纳的历史处境的文本解读强调宗教改革时代神学是现代政治思想的基础,他的解释却不时偏离这个基础,比如,他一方面承认胡格诺派继承加尔文的盟约神学,把抵抗专制统治当作履行对上帝的宗教义务,另一方面又企图把神学中政治和宗教的因素分开,认为宗教因素与胡格诺派"完全的"和"世俗化的"抵抗学说"不相容"或"几乎不相容"。[1]斯金纳把宗教和政治因素相分离,也无法解释洛克"纯粹的"政治学说如何融合加尔文主义神学。剑桥学派和其他人试图弥补这个解释的空白,对近代政治哲学文本提出宗教的解释,但非宗教解释(包括施特劳斯学派和英美分析派)仍有很大影响力。我认为,如果坚持历史处境中的文本解读,彻底贯彻宗教改革神学的基础,对17世纪政治哲学文本的宗教解释是不可避免的。我们不能以启蒙时代和当代的与信仰完全对立的理性标准臆测,忽视现代政治哲学前辈的历史处境而作出纯政治科学或纯政治哲学的解释。我承袭了剑桥学派的思路。在对霍布斯、斯宾诺莎和洛克的政治哲学进行解释的过程中,我将洛克作为集大成者,并在结束语中概述洛克与后起的启蒙运动的关系;将其作为早期近代政治哲学向后期近代政治哲学的一个过渡。

宗教改革时代的神学和政治哲学中的理性精神与中世纪思想传统存在着不可忽视的连续性。如前所述,西方文明传统的三个来源——希腊

---

[1] Quentin Skinner, *The Foundations of Modern Political Thought,* vol. II, Cambridge University Press, 1978, pp. 324-326, 335-336, 338-339.

理性主义、希伯来宗教精神和罗马法制度重叠交叉，自然法是三者交叉的一个焦点。托马斯神－哲学提出了第一个自然法体系，宗教改革各派领袖虽然激烈攻击经院哲学，但或多或少、或明或暗接受了托马斯的自然法思想，无不承认上帝是自然法的制定者，世俗统治者的法律以自然法为合法性来源。早期社会契约论者设定了"自然状态""自然人""自然权利"等概念的优先性，然后用"自然法"推导论证公民权利和政治权威的正当性和合法性。而18世纪卢梭的社会契约论由于没有自然法这个环节，制造了完全世俗化的版本。沃格林看到自然法在西方政治思想史中的重要地位，他的5卷本的《秩序和历史》，以及8卷本的《政治观念史》在书写以色列人、希腊人、罗马人、中世纪、宗教改革和现代的政治思想史中，始终贯穿着自然法的线索。[1]本研究采纳相关部分，即使在近代政治哲学的理性论证中，自然法一直保持着与基督宗教的相关性。如果看不到这一点，那就是用卢梭的社会契约论的版本取代17世纪明显带有宗教色彩的那些版本。

本研究虽然属于政治思想史范畴，但毕竟是政治哲学的研究，就不能不涉及政治本体论、政治认识论和政治逻辑等领域，以及秩序、权利、义务、民主、共同体、平等、合法性、正义等政治哲学通行的主题和概念。霍布斯、斯宾诺莎和洛克的政治哲学代表作《利维坦》《神学政治论》和《政府论》，如果不联系他们的本体论和认识论著作（例如斯宾诺莎的《伦理学》，洛克的《人类理解论》）是难以得到周全理解的。此外，他们关于自然法和基督教信仰的著述和通信，也是理解他们政治哲学的必要文本。只有融会贯通的跨文本阅读，才能透过各派各家众说纷纭的解释，准确地把握近代政治哲学家的原则和概念。

需要强调一点，虽然参考的第二手资料是外文，但解读的经典依据已有中译本。用中文写作和表达，不能以中国人眼光看待西方文本和思

---

[1] *The Collected Works of Eric Voegelin*, vols 14-26, University of Missouri Press, Columbia, Missouri, 1999-2005.

想。即是说，虽然看的是西洋戏，我和其他观众却是中国人，只能在中国人的座位上，从中国人的视角看待西方哲学。这个观点本人已经多次阐发，兹不赘述。

本书的研究和写作得到教育部人文社科重点基地重大项目"宗教改革和西方近代政治哲学"（项目编号1355D720001）的基金资助，该项目于2019年4月通过评审结项，被评为"优秀"等级。特向教育部人文社科基地的支持表示衷心的感谢。

本书责任编辑田炜女士为本书出版付出了辛勤劳动，本人对此表示诚挚和由衷的谢意！

赵敦华

2022年8月30日

北京大学外国哲学研究所

第一章　近代政治哲学的中世纪背景

如前所述，虽然可以接受伯尔曼把 11 世纪当作西方文明传统开端的解释模式，但我们没有必要把"西方"与"现代"直接挂钩，而可把中世纪当作近代政治哲学的背景。这个背景不限于 1050—1150 年开始建立的法律体系，而是希腊、希伯来和古罗马三个精神原型从两两结合到三者整合的全景图，纵贯从基督教诞生到文艺复兴运动的 1500 年。我们选择中世纪背景的四个维度：（1）神正论；（2）神权和王权的"双城论"；（3）自然法；（4）人文主义，据以呈现近代政治哲学的问题域。

一、神正论问题

1. 从哲学与宗教的分野来看，基督教与希腊神话是分别属于希伯来与希腊文化传统的两种宗教，而希腊神话与哲学是同一文化传统的两种形态，但希腊哲学与基督教就是分属两种文化传统的两种文化形态，它们之间的融会贯通是极其复杂和困难的，曾经人们认为是不可能的。然而，早期基督教在向希腊化地区传播的过程中，经过长达 4 个世纪充满着宗教冲突、政治斗争、文化碰撞和理性论辩的激烈碰撞，产生出融基督教与希腊哲学于一体的神学体系。奥古斯丁是早期基督教神学的集大成者，他为基督教教义辩护的神正论对宗教改革和近代政治哲学产生了重要影响。

基督教信仰唯一的全善、全知、全能的上帝，由此产生了一系列问题：上帝造出的人为什么会犯罪？世间的恶来自何方？当时的伊壁鸠鲁主义者利用恶的来源问题否证了基督教信仰的全善、全知、全能的上帝。他们说，如果恶出自上帝创造，那么上帝就不是全善的；如果恶不是上帝的创造，那么它的出现是上帝不能阻止的；如果上帝是因为不知道恶的存在而没有去阻止它，那么他就不是全知的；如果上帝知道恶的存在却没有能力去阻止它，那么他就不是全能的。总之，恶的存在与上帝的全善、全知、全能相矛盾。[1]这些问题严重困扰着神学家。奥古斯丁写了一系列的著作，力图证明恶的起源和性质与上帝的存在不矛盾，开创了基督教神学的神正论传统。

2. 在奥古斯丁之前，普罗提诺已经把恶定义为"缺乏"，即应当存在而没有存在的东西。奥古斯丁接受了这一新柏拉图主义的解释，将恶定义为"背离本性，趋向非存在……倾向于存在的中断"[2]。"趋向于非存在"不等于非存在，这一定义并未简单地将恶变为虚影幻相。相反，恶在上帝创造的世界里占据着不可否定的位置。在世界这一存在的等级系统中，低一级事物是相对于高一级事物的非存在，高一级事物是低一级事物的存在根据。如果一事物放弃这一根据，趋向比它低级的事物，这就是趋向非存在，表现出恶的性质。

按照恶的定义，一切被称作恶的东西可分为三类。第一类是"物理的恶"，指事物的自然属性造成的损失和伤害，如自然灾害，人的生老病死造成的痛苦，等等。这一类恶的原因是缺乏完善性，能否把这一原

---

[1] 休谟在《自然宗教对话录》中记载了"伊壁鸠鲁的老问题"，参阅商务印书馆1989年版，第68页。
[2] 奥古斯丁：《论摩尼教之路》，2卷2章2节，*The Works of Saint Augustin*, ed. B. Rumsey, Pt. I, vol.19, p.70.

因归咎于上帝创世的不完善呢？奥古斯丁断然否定。他说，上帝创造的是一个完善的整体，单个被造物的不完善性正是完善秩序的组成部分。他说："在宇宙中，即使那些所谓的恶，只要能够加以控制，使之处于应处之地，也能增加我们对善的景仰，因为善若与恶相比较，更显出价值，更可羡慕。"[1]物理的恶不但无损于上帝的善，而且衬托、显扬出上帝的善。

第二类为"认识的恶"，指真理与谬误、确定与不确定的认识秩序的颠倒。认识的恶的原因是人类理智的不完善。它虽然比物理的恶更加危险，导致可以不相信上帝，但和物理的恶一样，其原因不能归咎于上帝。人类理智的不完善性"应当被看作现世生活的错误"[2]，只是相对的、局部的、表面的，并不影响上帝的智慧的绝对完善性。

第三类为"伦理的恶"，只有这类恶才称得上罪恶，这是奥古斯丁关心的主题。他说，罪恶是"人的意志的反面，无视责任，沉湎于有害的东西"[3]。"意志的反面"不是说罪恶与意志无关，而是说罪恶是意志的悖逆活动。他说："当意志背离了不变的共同的善，追求个人的好处，即外在于自身、低于自身的好处，它就是在犯罪。"[4]意志是灵魂的活动，其正当目标应是高于灵魂的上帝；当意志追求低于灵魂的身体时，造成秩序的颠倒，产生伦理的恶。就是说，邪恶意志不是由一个外部动力所造成的，邪恶意志的原因在于意志内部的缺陷，即人类意志自身的不完善性。或者说，罪恶不是上帝的创造，但产生于人类意志的缺陷。

3. 如果人们要继续追问：上帝为什么要赋予人以有缺陷的意志，以致产生出罪恶呢？上帝为什么不赋予人只会行善、不能作恶的意志呢？奥古斯丁回答说："不是有意做的事既不是恶，也不是善，因此，如果人没有自由意志，则将不会有公正的惩罚和奖赏。但是，赏罚的公正来自

---

[1] 奥古斯丁：《教义手册》，11章。
[2] 同上书，21章。
[3] 同上书，24章。
[4] 奥古斯丁：《论自由意志》，2卷19章53节。

上帝的善,它必然存在。因此,上帝必然赋予人以自由的意志。"[1]人类意志的缺陷在于包含着作恶的可能性,但这种缺陷还是意志自由选择所必需的,只会行善、不能作恶的意志不是自由意志,没有选择善恶的功能;而自由选择又是惩恶扬善的公正性所必需的,人们只有对自己自由选择的事情才承担自己的责任,否则将无所谓善恶之分,也不应该接受惩罚或奖赏;最后,惩恶扬善的公正性是上帝的善所必需的。经过这样的推论,可知人类意志的不完善性是相对于上帝的善而言的,人类意志的选择自由是惩恶扬善的先决条件。如果上帝不赋予人类意志以自由,他将丧失其公正性,这种为小善而舍大善的做法本身不符合善的秩序。这样,奥古斯丁证明了人类意志自由及其可能产生的罪恶的合理性。奥古斯丁把罪恶的根源归咎于意志自由,他认为灵魂的"悖逆和皈依都是自愿的,而不是被迫的"[2]。也就是说,人的意志有行善或作恶的选择自由,上帝并不干预人的选择,但对自由选择的后果进行奖惩。上帝的恩典主要表现为赏罚分明的公正,而不在于帮助人择善弃恶。

4. 佩拉纠(Pelagius)根据奥古斯丁的早期著作,合乎逻辑地否认人类的原罪和上帝的恩典。他认为,既然上帝赋予人类的自由意志是善良的本性,即使自由意志的误用可以导致罪恶,但基督徒受洗之后,就可以恢复自由意志的正当用途,就会趋善避恶。除了自由意志这一上帝赋予人类的恩典之外,人不需要"救赎"的恩典。佩拉纠的追随者否认原罪,否认恩典的必要性,被教会谴责为异端。奥古斯丁在与佩拉纠派异端的争论中,修改了早期的意志自由说。他认识到他的早期观点可能被佩拉纠派所利用,在《更正》一书中他指出,早期著作是为反驳摩尼教而作,主要讨论恶的起源问题,"这些著作没有谈及上帝的恩典"[3]。但是,佩拉纠派"别想得到我们的支持"[4]。他在后期反佩拉纠派著作中

---

[1] 奥古斯丁:《论自由意志》,2卷1章3节。
[2] 同上书,2卷19章53节。
[3] 奥古斯丁:《更正》,1卷9章2—3节
[4] 同上。

强调，没有上帝的恩典，人的意志不可能选择善，只能在罪恶的奴役之下，丧失了选择的自由。罪恶的原因与其说是人类的意志自由的误用，不如说是人类的原罪。他说，上帝在造人时曾赋予人自由意志，但自亚当犯下原罪之后，人类意志已经被罪恶所污染，失去自由选择的能力。他说："人们能够依靠自己的善功获救吗？自然不能，人既已死亡，那么除了从死亡中被解救出来之外，他还能行什么善呢？他的意志能够自行决定行善吗？我再次说不能。事实上，正因为人用自由意志作恶，才使自己和自由意志一起毁灭。一个人自然只是在活着的时候自杀，当他自杀身亡，自然不能自行恢复生命。同样，一个人既已用自由意志犯罪，被罪恶所证明，就已丧失了意志的自由。"[1]

丧失了自由意志，人类处在罪的统治下。但人还以为自己是自由的、自主的，这本身就是罪。"傲慢是一切罪恶的开始。"[2]傲慢自大使人远离上帝，是人性开始堕落的根源。堕落的人性主要有三种：物质占有欲、权力欲和性欲。人总是具有无止境地占有物质财富的欲望，所以尘世的人永远不会有幸福。人由于其傲慢自大，想模仿上帝，于是就追求权力。第三种欲望就是性欲，原罪正是通过性活动而被传给后一代的。因而人是在罪中孕育而成的，他天生是有罪的；婴儿都是自私的，以自我为中心的。[3]

奥古斯丁继承了保罗"因信称义"的教义，强调只有依靠上帝的恩典，人才能恢复意志自由，在非奴役的条件下作出善的选择，除此别无拯救之路。上帝的恩典首先表现在为人类赎罪。上帝之子耶稣基督牺牲自己，为全人类赎了罪，换取全人类复生。相信耶稣为人类赎罪，是救世主，这是摆脱罪恶、获得恩典的前提条件。

5. 中世纪教会虽然谴责佩拉纠主义为异端，尊崇奥古斯丁为圣徒，

---

[1] 奥古斯丁：《教义手册》，30 章。
[2] Peter Langford, *Modern Philosophies of Human Nature*, Martinus Nijhoff Publishers, 1986, p. 26.
[3] Ibid., p. 28.

但却没有完全采纳奥古斯丁后期对原罪的解释。因为照此解释，现实中的人完全受罪的奴役，没有行善的自由；在获得上帝的恩典之前，人也不会做出任何道德努力。这显然与基督教的伦理精神不相符合。中世纪的正统学说修正了奥古斯丁的原罪说和恩典说，吸收了佩拉纠主义对意志自由的看法。很多思想家认为，人类即使在堕落的状态中，也没有完全丧失选择善恶的能力，仍然可以择善行善。人的善功和德行是对恩典的回应和配合，也是获得拯救不可缺少的条件。

安瑟尔谟在《论选择的自由》中调和人的意志自由与上帝的恩典。他说，自由意志是上帝赋予人的不可更改与剥夺的能力，人在"原罪"之后并没有丧失自由意志的能力，所丧失的只是对自由意志的运用。好比一个自由人在选择做他人的奴仆之时，他并没有放弃他的自由权，他的选择是和他的自由权相抵触的。"原罪"是人类由于亚当没有运用自由意志而承担的罪责，耶稣在十字架上的赎罪使人类摆脱了这一罪责，使意志仍然有着向善或向恶两种选择倾向，他们选择何种倾向将决定他们自己能否得救。

6. 13世纪的托马斯也肯定了人的自由意志的崇高价值。他说："人性并不因为罪而完全腐败到全然没有本然之善的地步，因而人有可能在本性遭腐败的状态也能依其本性做一些有限的善事。"[1]人之所以能够在堕落状态中行善，那是因为人性中仍然保有自由意志（libero arbitio）、良心（synderesis）和理性（ratio）的善的本性。

人的意志属于意欲范畴。托马斯把意欲分为感性的和理性的两种。理性意欲与感性意欲的差别就如理智与感觉的差别一样。感性意欲是动物意欲。托马斯承认，动物意欲，如食欲、性欲也是人的自然意欲。人的感性欲望本身既不善，也不恶，正如没有理性的动物没有善恶之分一样。感性意欲和理性意欲共同支配人的行为，如果哪一个成为决定性的

---

[1] 托马斯·阿奎那：《神学大全》，1集1部77题2条，*The Works of Saint Thomas Aquinas Philosophical Texts*, ed. and trans. Thomas Gilby, Oxford, 1960, p. 214。

因素，完全支配和改变了人的行为，那它就是罪恶的原因了。

7. 宗教改革的时候，路德利用奥古斯丁反佩拉纠派的著作，否认人的自由意志，否认人有自由选择的意志，认为只有恩典才能决定是否能够得救，决定是否恢复行善的能力、自由意志的能力。加尔文派把保罗"因信称义"的宣讲发展为"选民"与"弃民"的上帝"预定论"。详见本书第二章第二节第6条。

8. 宗教改革之后，为上帝恩典和预定辩护的神正论已经失势，现代基督教哲学区别了神正论和护教论两种立场。护教论以普兰丁格为代表，他使用逻辑分析说明上帝与罪恶可以共存。他说，上帝虽然全能，但至少有一个世界是上帝不可能创造的，这就是一个只包含道德上的善而没有伦理上的恶的世界，只要上帝创造的人有自由意志，世界将成为什么样取决于上帝的能力和人的自由选择。[1]

奥古斯丁早期的自由选择学说是护教的神正论，在近代哲学中引起了广泛的讨论。护教的神正论要阐发的核心命题是"上帝创造了一个有罪恶的世界，但他这么做是有充足理由的"。但如果只是为了在最后审判时显示上帝的公正，而让这个世界罪恶泛滥、灾难深重，上帝好像为了显示他的公正，对于人间的恶采取了一种冷眼旁观的态度，最后审判的时候才显示出他的公正，这样的上帝太没有爱心了，是一个冰冷的上帝。

18世纪刚开始，里斯本发生了大地震，造成了大量伤亡。人们问：仁慈的上帝为什么要用那么惨烈的手段来残害人呢？即使要减少人口，也没有必要用这样残酷的手段。这一事件，引起了一些哲学家，如伏尔泰和莱布尼兹，重新思考恶的问题。

9. 英国20世纪哲学家麦基写过一篇文章，反驳"神正论"，他说，如果为了更大的善而允许恶，那么在自然界和人类社会为什么会有那么

---

[1] Alvin Plantinga, "The Free Will Defence", in *God, Freedom, and Evil*, Eerdmans, 1977, pp. 12-49.

多不必要的恶？就是说，这些恶根本就不是实现善的目的。按照奥古斯丁的观点，我们在自然界看到的弱肉强食、自然灾害、生老病死，这些都是自然的恶，自然的恶从局部看来是恶，从整体看来，它是有秩序的安排。对此，麦基举了一个最简单的例子，猫吃老鼠是自然的恶，符合自然界生态平衡，但关键是，有的时候猫残忍地对待老鼠，直至把老鼠折磨个半死再把它吃掉。这种恶就是过分的、不必要的恶，没有任何服务于自然整体秩序的意义。一些非常惨烈的自然灾害，也是不必要的恶。

10. 20世纪的奥斯威辛集中营集中表现了惨绝人寰的伦理之恶。奥斯威辛之后，很多人的上帝观发生了根本的动摇。如此巨大的恶难道仅仅只能用来显示上帝的公正吗？是惩罚少数法西斯分子的公正，还是为了惩罚犹太人？在奥斯威辛集中营里，犹太教徒呼喊上帝，上帝在哪里？为什么没有显示善的迹象？这些事实都无法得到解释。汉娜·阿伦特在《艾希曼在耶路撒冷》一书中认为，艾希曼在耶路撒冷法庭上的辩词"好似在总结这堂关于人类弱点的漫长一课给我们的教训——那令人毛骨悚然的、漠视语言和思考的平庸的恶"[1]。"平庸之恶"不是"根本恶"，而是无思想的人在特殊环境中都会犯的。她认为康德提出的"根本恶"不符合西方概念："如果说道德哲学传统，从苏格拉底到康德，直到现在，在一点上是一致的，那就是：无人有意作恶，不可能为恶而行恶。"[2] 她又说："只有一件事情似乎可以辨别出来：我们可以说，在我们全部哲学传统中，我们本来就不相信一种'根本恶'，在基督教神学里，魔鬼本人也是天使出身。"[3] 阿伦特没有解释"平庸之恶"的哲学史来源，但不难理解，奥古斯丁对恶的本体论潜移默化地影响了阿伦特。奥古斯丁认为，恶不是没有原因的，但不能把恶理解为动力因而只能理解为缺乏因。阿伦特对奥古斯丁神正论作了祛魅处理，把恶的缺乏因转

---

[1] 汉娜·阿伦特：《艾希曼在耶路撒冷》，译林出版社2017年版，第268页。
[2] 汉娜·阿伦特：《反抗"平庸之恶"：〈责任与判断〉中文修订版》，上海人民出版社2014年版，第92页。
[3] 汉娜·阿伦特：《极权主义的起源》，生活·读书·新知三联书店2008年版，第572页。

化为"平庸之恶"。阿伦特说,根据她自己的经历,真正困扰我们的不是我们的敌人,而是我们的朋友的行为,即使是持续一生的友谊,也可以在一夜间被摧毁。有些人平常是好人,但是到了关键的时候,由于他无思想,没有判断是非的能力,在时代潮流和时髦中,或在履行责任和义务的名义下,放弃自由选择。恶实际上是一个很平庸的现象,根本不需要什么深刻的理由和原因。启蒙之后和现代对恶的解释,显然失去了早期基督教和宗教改革时代神正论的历史处境意义。

二、"双城论"

1. 基督教长期遭受罗马帝国的政治迫害,最后"国教"的统治地位,皆取决于皇帝的信念和态度。奥古斯丁的《上帝之城》对罗马帝国的历史命运作了神学思考,作出上帝之城和地上之城的区分:"政治团体的和平在于公民之间的权威和服从的有序和谐,而天上之城的和平存在于喜欢上帝和在上帝之中相互喜欢的人之间的完全有序的、和谐的交融。和平的最终的意义是来自秩序的平静,秩序在于把相似和不相似事物放置在各自合适位置的安排。"[1]这个区分找到了两城的共同点:和平与秩序、权威和服从。其中,和平是目标,秩序是结构,权威和服从是功能。差别只是在于:上帝之城的和平是永恒的,只服从上帝的权威;而地上之城的和平是暂时的,要服从世俗的权威。

奥古斯丁肯定,按照上帝创造的秩序是权威和服从。这一秩序有三个层次:家庭、国家和天国。在家庭中,奥古斯丁强调子女服从父亲的权威,妻子服从丈夫的权威,奴隶服从主人的权威。国家具有与家庭相似的"权威—服从"结构。在奥古斯丁的语言中,"权威"(auctoritas)

---

[1] 参阅《上帝之城》,第19卷第14章;《中世纪哲学》上卷,赵敦华、傅乐安主编,商务印书馆2013年版,第522—523页。

具有正面价值，较高事物对较低事物的权威符合上帝创造的秩序。在国家中，上级对下级的权威，可以是正当的"治理"（imperare），也可以是"统治"（dominari）。国家既是以不公正的统治对罪的惩罚，又是信上帝的人用爱的治理。

2. 在《上帝之城》第19卷的第21章，奥古斯丁反驳西塞罗关于国家的定义，按照这一定义，国家是按照全体人民的共识来行使普遍正义（summa justica）的共同体。奥古斯丁针锋相对地说，地上之城不可能有真正的正义（vera justica），正义不可能是国家的本质。这个观点贯穿全书。比如，第2卷第21章说，罗马从来都不是真正的共和国，因为它没有真正的正义。奥古斯丁的一个理由是，古代希腊罗马城邦奉行偶像崇拜，偶像崇拜把统治者变成了神。罗马统治者把自己当作神，偶像崇拜背后的政治意义就是人的统治欲的神化。偶像崇拜的习俗当然也可以说是对什么是正义的共识，但是这种共识和强盗团伙的共识没有什么区别。如同庄子说"盗亦有道"，奥古斯丁也说，王国是大强盗团伙，强盗团伙是小王国（第4卷第4章）。他认为真正的正义只存在于天国，在现实当中是没有的。更有甚者，奥古斯丁认为政治本质是统治欲（Iibido dominandi），是不可避免的恶；政治是对罪的惩罚，不仅是对被统治者的惩罚，也是对统治者的惩罚。统治别人的人，自己也是不自由的，不能摆脱上帝的惩罚。

3. 奥古斯丁不把正义作为政治原则，而用"爱"来定义城：爱上帝甚于爱自己的人民组成天上之城，爱自己甚于爱上帝的人组成地上之城。[1]在奥古斯丁看来，爱并不是个人的情感，而是沟通人与人和人与神的桥梁。他区别了两个词——有用（uti）和愉悦（frui）。上帝爱人是因为人是有用处的，但不是人对上帝的用处，而是人对人有用处或人自身的用处。上帝指定人作为自然界的管家，人对自然是有用处的，人

---

[1] 奥古斯丁：《上帝之城》，第18卷第28章，参阅《中世纪哲学》上卷，赵敦华、傅乐安主编，商务印书馆2013年版，第494页。

相互间也是有用处的。人由于自身的用处而爱人,这是一个动力,但是目的才是愉悦,上帝因为人的用处而感到愉悦。同样,人爱上帝,是因为上帝对人是有用处的,这个用处就是永恒的幸福与和平,这是人因此而感到愉悦的目的。在上帝之城,人和人之间的爱,也是因为互相有用(对上帝的爱有用),而达到了相互愉悦的目的。在世俗之城,人为了私利而进行偶像崇拜,偶像崇拜并不爱任何的神,而是利用偶像满足他的私利,这也是一种爱和愉悦,但这不是以真正的愉悦和幸福作为目的。

在 19 卷 17 章,奥古斯丁说,地上之城的暂时的好处与和平,可以是对天上之城有用的。关键在于使你愉悦的是什么东西,如果使你愉悦的是永恒的和平,那么你对世俗事物的利用就是正当的;如果为了自己的私利而满足于暂时快乐,那么你对事物的利用,包括对偶像的崇拜,或者把上帝当作工具来利用,这都是不正当的。

4. 如何利用地上的和平来达到永恒的和平?虽然地上之城的堕落是不可改善,不可救药的。但地上的和平可以作为朝向天上之城的手段。或把爱上帝的群体更好地团结在一起,更好地利用他们的爱来为社会服务,用这种方法把地上之城的越来越多的人吸收到天上之城。或使属于上帝之城的群体更好地发挥自己的爱心,利用地上的世俗的事物,感受上帝的爱,并荣耀上帝。

奥古斯丁认为,世俗之城等于国家,但上帝之城不等于教会;即使是基督徒当统治者的国家仍然是地上之城。两城的关系不是中世纪以后讲的教会和国家的关系,起码奥古斯丁不是这么理解。他说得很清楚,在教会里面也有不信教的人,他们伪装和我们在一起,但是他们出了教会以后,马上就会和不信上帝的人打成一片。从人类历史开始,上帝之城和世俗之城相混合,爱上帝和爱自己这两群人也生活在一起,只有在最后审判的时候,两城才能从时间和空间上分开,一个在天堂,一个在地狱。但在此之前,两城是在任何地方和组织里,共同生活在一起的两群人,国家中有上帝之城的子民,教会中也有世俗之城的子民。只要上帝之城和地上之城没有最终分开，上帝之城需要依靠地上之城（国家）所维持的和平，达到自身的目的。另一方面，国家里真正爱上帝和他的同伴的人，不管在教会之内还是之外，通过"爱的治理"，维持地上和平，为上帝之城的最终到来而服务。国家既然包含着上帝之城的子民，就不可能没有政治上的正当性。上帝之城的子民在国家中的作用不完全是消极的服从，而且也是积极的爱的治理或服务。

在中世纪教权和王权对峙的情况下，教权主义和王权主义都可以在《上帝之城》中找到理论根据。君王和教会都可以利用奥古斯丁。教会可以说奥古斯丁的上帝之城就是指教会，世俗之城就等于国家。但是神圣罗马的皇帝或者地区国王可以说：君权神授，基督教王国也是上帝之城。

5. 关于奥古斯丁有没有政治哲学的问题，在现代有诸多争论。值得注意的是波勒（John Boler）的观点。他认为奥古斯丁的神学是非政治的，甚至是反政治的。他的主要理由是，奥古斯丁没有对国家的结构作任何分析，只是谈论国家的世俗功能；他按照非政治的原则来解释政治，否认国家的正义性，政治自身没有价值，只有在和上帝之城的对立当中，国家才有积极的世俗功能。[1]确实，奥古斯丁没有分析国家制度，区别上帝之城与世俗之城的标准是"爱"的心理，而没有论及爱心功能的载体和实施，上帝与人之间没有中间的环节；再者，虽然把"两城"等同于教权和政权是误解，却是由于缺乏对教会和国家权力、权利和义务进行明确界定而势必产生的误解。

在实践中，奥古斯丁在政治上不得不依附世俗权力。他于395年任希坡主教之后，参与了延续百年的多纳特派之争。奥古斯丁试图通过和平辩论的方式结束教内分裂状态无果，于是指控多纳特派为异端而取得胜利，多纳特派异端被没收财产和教堂，主教和神职人员被放逐。面对多纳特派"借助世俗权威压制多纳特派"的控诉，奥古斯丁指出多纳特

---

[1] John Boler, Augustine and Political Theory, *Mediaevalia*, 1978(4), pp. 83-132.

派才是"借助世俗权威"制造分裂的祸首,而为大公教会"借助世俗权威"之正当性作论证,他强调了信仰基督教的世俗皇帝的职责,他负有神授予的命令,侍奉神的方式与一般基督徒有所不同,有权制定相关法律来禁止和惩罚不敬虔的、不义的行为。按照这种辩护,基督徒皇帝岂不是上帝之城在世间的首领?

奥古斯丁上帝之城的神学与政治现实之间的矛盾,不是中世纪教权与王权相分离的原因,而是其结果。《新约》明确规定"凯撒的物当归给凯撒;神的物当归给神"(马太福音,22:21),"在上有权柄的,人人当顺服他"(罗马书,13:1)。按照教规,教会主持信徒的生死和婚姻仪式,决定信徒的身份和神职,掌握"绝罚"的生死大权,一个信徒如被革除教籍,失去了社会地位,甚至没有生存的权利。而封建主的土地和财产的获得、继承、转让、分配、剥夺等依据习俗、契约和实力。世俗统治者按照基督徒的义务,赠与、保护教会财产,不对教士施行刑罚,更不能决定教士的职位。但实际上,无论经文还是常规或神学,都不足以解决现实中教会与政权的复杂关系。王权与教权经常相互僭越:国王试图通过对神职人员的任命控制教会,而教会也试图控制和干涉世俗权力。

6. 中世纪早期,无论教会还是国王,都忽视了罗马人留下的丰富法律遗产。东罗马皇帝查士丁尼于534年编撰的《民法大全》汇总了罗马共和国和帝国的法律条文。这部法典在"一个国家,一种宗教,一部法律"的理念指导下编撰、修订和诠释,试图通过法律实现基督教王国的统一。但长期以来,教会仍把信经、教皇谕令和修道院规章作为教规,而世俗统治者保留了蛮族的原始习俗。

伯尔曼说,11世纪之前,"法律极少是成文的。没有专门的司法制度,没有职业的法律家阶层,也没有专门的法律著作。法律没有自觉地加以系统化,它没有从整个社会的母体中'挖掘'出来,而仍然是其中的一部分";但是,

11世纪后期和12世纪早期，上述状况发生了梅特兰所称的"不可思议的突发变化"，专职法院、立法机构、法律职业、法律著作和"法律科学"，在西欧各国纷纷产生。这种发展的主要动力在于主张教皇在整个西欧教会中的至上权威和主张教会独立于世俗统治。这是一场由教皇格列高利七世在1075年发起的革命。[1]

伯尔曼所称的"教皇革命"指1073—1085年教皇格列高利七世与国王亨利四世争夺教职任命管辖权的斗争，史称"格列高利改革"。

7. 伯尔曼《法律与革命》将研究的重心放到格列高利改革借鉴罗马法建立教会法的历史意义上。他在讨论教会法与罗马法关系时说：

> 过去某些时候有人曾说新的教会法律体系乃是查士丁尼的罗马法的一个"后代"，也有人说"起草《教法大全》（Corpus Juris Canonici）的伟大编纂是以《民法大全》（Corpus Juris Civilis）的编纂为模式的"。

伯尔曼认为这类论断要作这样的修正：

> 教会法必须追溯的根源并非6世纪拜占庭的罗马法，而是11世纪和12世纪基督教世界里复兴后的并经过改造的罗马法学家（Romanist）的法律。
>
> 在西方，查士丁尼的罗马法被视为一种理想法，是理性的文字体现，即书面理性（ratio scipta），它的原则应当支配任何地方的所有法规，无论是教会的法律，还是世俗政治体的法律。[2]

---

[1] 伯尔曼：《法律与革命》（第一卷），法律出版社2008年版，第46页。
[2] 同上书，第199—200页。

就是说，教会法并非对罗马法的直接继承，而是"罗马—教规"的法律体系。中世纪的罗马法学家与教会法学家才能相互借鉴，12—13世纪教会法才能被应用和细化到世俗领域，产生了庄园法、封建法、王室法、商法和城市法等普通法，在罗马法基础上教会法和普通法的相互竞争、相互借鉴才导致了西方法律科学的繁荣，导致了相互妥协而达成法律至高无上的共识。

12—13世纪的西方社会，法学教师一般兼任罗马法与教会法的教学，两者也是最早大学法学院开设的共同科目，教学方法、解释方法、文献形式都大致相同。教会法作为由教会法院执行之法律，对普通法的概念与条文进行了更为深刻与全面的论述，对于西方社会一夫一妻制的原则，财产继承权的男女平等的原则，财产权的衡平制（用益制），以及基督教国家之间战争与和平的国际关系准则，都产生了深远而细致的影响。

8. 尤为重要的是，在法律信念上，法官们接受了这样的基本准则：上帝意志的体现和正义的化身是最高法，与上帝法相抵触的人定法是无效的。当代教会法学者蒂尔尼说，即使有权颁布和修改教会法的教皇，

> 在触及信仰和教会整体利益的重大问题上，教皇也要服从公会议的决定。"代表"和"同意"成为整个教会政治理论的重要组成部分……成为中世纪后期公会议主义的渊源，而且为西方的国家学说和政治思想提供了范式。在其权威范围方面受到神法与自然法两方面的限制。当然，没有任何人具有推翻或否决一项违反神法或自然法的教皇法令的权威。唯一可以求助的便是政治行动或非暴力反抗。而教会法学家为这种抵抗奠定了法律基础。[1]

---

[1] 转引自彭小瑜《教会法研究》，商务印书馆2003年版，第43页。

至于君主，更要受到法律约束。"教会法之父"格兰西明确指出，"君王的法令不可凌驾于自然法之上"，"君王受自己所颁布的法令的约束。因为只有当他自己尊重自己的法令的时候，法律才是所有的人都应当尊重的，法律才是正义的"。布拉克顿提出了"国王在万人之上，但在上帝与法律之下"的法治主张。1200年英国《大宪章》"从头至尾给人一种暗示，这个文件是个法律，它居于国王之上，连国王也不得违反"。"这其实是要求君主和臣民在法律面前处于平等的地位，与近代西方的法治观念（rule of law）有相通之处。"[1]

9. 伯尔曼说，"教皇革命"之后，"教会具备了近代国家绝大部分的特征"[2]。但是，这是一个悖论：

> 教会具有一种国家—教会（Kirchenstaat）或教会国家的矛盾特性：它是一种精神共同体，同时它也行使尘世的职能，其结构采取的是近代国家的形式；另一方面，世俗国家具有一种没有教会职能的国家的矛盾特性，或者一种世俗政治体的矛盾特性，它的所有臣民同时也构成一种精神共同体，生活在一个独立的精神权威之下。所以教皇革命留下了一份遗产，这就是在教会内部、国家内部和一个既不全是教会也不全是国家的社会的内部所存在的那种世俗价值和精神价值之间的紧张关系。然而，它也留下了一份政府制度和法律制度的遗产，这种制度既是教会的又是世俗的，目的在于消除这种紧张关系，保持整个体系的平衡。[3]

贯穿于全部中世纪的教权与政权的冲突矛盾，在"神圣—世俗二元结构"的法律制度中得到缓解。教会法和普通法既限制教权也限制

---

[1] 转引自彭小瑜《教会法研究》，商务印书馆2003年版，第42页。
[2] 伯尔曼：《法律与革命》（第一卷），法律出版社2008年版，第109页。
[3] 同上书，第111页。

政权，而且相互限制。如伯尔曼所说：一方面，"教会是一个'法治国家'（Rechtsstaat），一个以法律为基础的国家"[1]；另一方面，教会势力和世俗势力之间的斗争产生了的世俗国家的现实，而"从本质上讲，世俗国家的观念和现实也就是法律统治的国家或'法治国家'的观念和现实"[2]。这两个"法制国家"限制自身又限制对方，"对于教会权威所进行的限制，尤其是来自世俗政治体的限制，以及教会内部尤其是教会政府的特殊结构对于教皇权威的限制，培育出了某种超过法治国意义上依法而治的东西，这些东西更接近后来英国人所称的"法的统治"（the rule of law）"[3]。但是，从中世纪的法制国家到现代法治国家在"神圣—世俗的二元结构"中是难以实现的。这个结构创造了利益集团的多元化又对多元世界起到了整合的作用，既是互相合作的基础，又常常引发紧张和冲突。我们将看到，宗教改革就是神圣—世俗二元结构引发的下一次革命。

三、自然法学说

1.《新约》把先知的律法归结为"爱的诫命"：爱上帝和爱人如己（马太福音，22:40）。7世纪的艾西多尔和格兰西都把斯多亚派的自然法与基督教爱的诫命相结合，两者都认为：

> 人类受两种规则的辖制，一是自然法，一是习惯。自然法见于律法和福音书。自然法要求每个人以自己期望被对待的方式对待他人，禁止每个人对他人做自己所不愿遭受的事情。所以基督在福音

---

[1] 伯尔曼：《法律与革命》（第一卷），法律出版社2008年版，第210页。
[2] 同上书，第287页。
[3] 同上书，第210页。

书里说，无论何事，你们愿意怎样人对待你，你也要怎样对待人，因为这就是律法和先知的道理。[1]

中世纪发展体系中，自然法被看作普遍的道德法则，无论教会法和普通法的条文都要符合自然法。中世纪法学家把上帝看作自然法的制定者，把上帝的意志看作法律秩序和价值的最高准则。格兰西说：

> 自然法所命令的无非是上帝所希望的，自然法所禁止的无非是上帝禁止的……教会法令和世俗当局的法令如果违背自然法，那就根本不应该为人们所接受。[2]

2. 中世纪法学家的自然法观念直接来自罗马法的法理。虽然自然法在亚里士多德思想中已有萌芽，只是在希腊城邦走向罗马大一统国家，罗马法普遍适用的历史处境中，自然法的思想才有可能成为现实的条件。

斯多亚学派创始人芝诺著有与柏拉图《国家篇》(Republica)同名的著作，却表达了与柏拉图完全不同的政治理想。这部著作提出的"世界城邦"和"世界公民"的思想具有划时代的意义。苏格拉底和犬儒派的第欧根尼是这一思想的前驱，他们在被问及"你属于哪一城邦"的问题时，都回答说："世界。"芝诺根据理性统一性的宇宙图式，认为有理性的人类应当生活在统一的国家之中，这是一个包括所有现存的国家和城邦的世界城邦，它的存在使得每一个人不再是这一或那一城邦的公民，而只是"世界公民"。斯多亚学派提出大一统的国家学说绝非偶然。早期斯多亚学派哲学家大多出生于希腊本土以外，他们生活在文化交流空前活跃的希腊化时期，反对希腊哲学家狭隘的民族优越感和城邦政治。"世界城邦"的思想预示了后来兴起的罗马人统治的大一统的国家。

---

[1] 转引自彭小瑜《教会法研究》，商务印书馆2003年版，第93页。
[2] 同上书，第94页。

"世界城邦"是完善的国家。按芝诺所描绘的蓝图，它的法律是由自然颁布的"正当法"或"公共法"，而不是人为约定的、在各城邦实施的法律，后者只是前者发展的低级阶段。自然法是宇宙理性或"逻各斯"的无声命令，无条件地被人类理性所接受。芝诺以自然法的名义，摒除希腊城邦不合理的法律和习俗。他说，世界城邦没有阶级、种族和任何等级差别，一切人都是平等的公民，是互爱互助的兄弟。男女平等，男人不能把女人作为自己的财产。他们应当穿着同样的服装，无须向对方遮掩自己的身体。男女以自由结合的方式组成家庭。这个城邦将没有殿堂庙宇和法庭辩论，没有剧场和体育场，没有货币，总之，凡是无助于德性的设施一律废止，让理性以自然的方式起作用。

自然法的第一条命令是履行责任。芝诺是第一个使用"责任"的人，他把它定义为"与自然的安排相一致的行为"。他说，由驱动力产生的行为，有些被赋予责任，有些没有责任，有些无所谓责任和非责任。区别有责任行为的标准是"可以合理地加以辩护的行为"。责任并非专属于人类，动物也有责任。简而言之，动物对一切有待实现的自然本性都负有责任。自我保存、避害趋利、婚配繁殖是一切动物的责任。但是，人还有组成社会的自然本性，因此，人对他人和国家负有责任，孝敬父母、敬重兄弟、热爱朋友、忠于国家是人所特有的责任。

责任和德性都以自然法为根源，两者的差别在于：德性是终极目标，责任是朝向德性的从属目标；德性适用于神和人，责任适用于人和动物，只有极少数有智慧的人才能达到德性的要求，但一切人，包括儿童和成年人、有智慧和无智慧的人都能履行责任。因为规定德性的自然法扎根于人的理性深处，人们受理性引导，爱家人朋友、爱同胞、爱国家。如果不这样做，就违背了自然法。

自然法思想的另一个代表人物西塞罗兼政治家和哲学家于一身。作为道德家的西塞罗强调道德责任。他认为，自我保存是自然赋予每种动物的本能，人类凭借自然理性获得德性，使人承担道德责任。每种主德都负有相应的社会责任：智慧的责任是充分并明智地发现真理，正义的责任是维护有序的社会组织，勇敢的责任是树立刚强不屈的高尚精神，节制的责任是克己稳重的言行表率作用。这些可谓是西塞罗概括的"罗马精神"。

作为法学家的西塞罗全面、系统地阐发了自然法的理论。他的自然法理论有几个要点。第一，自然法是符合自然本性的正确理性，适用于一切时代、所有民族，甚至一切动物。第二，自然法具有最高权威，它是联系神和人的纽带，人类依据它组成社会，它是判断普遍正义的最高之法。第三，源于正确理性的德性和道德原则是法律和权利的基础，它决定什么是善恶，以及如何禁止邪恶，各种具体法律，如公民法、宗教法和各国各地的法规，都应按照自然法的普遍原则来制定，这样才能保障国家和人民的安全；不符合自然法的法律是无效的非法之法。西塞罗发展的斯多亚派的自然法思想在实际中促进了罗马法的研究。可以说，希腊人的理性精神和罗马人法制的结合肇始于斯多亚派的自然法思想。

3. 在教会法和罗马法的法律制度趋于成熟的情况下，阿奎那综合了希腊理性、基督教神学和罗马自然法三种因素，形成了自然法学说的体系。阿奎那把一切被正当称之为法律的东西，整合成如下种属关系：

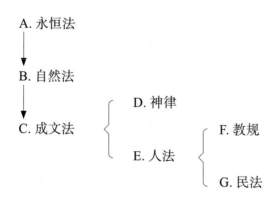

关于这个体系，解释如下：

（1）阿奎那说："人类理性是直接规则，永恒法是最高尺度。"[1]永恒法即上帝的意志，决定了理性和法律的规则。或者说，上帝是自然法的制定者和颁布者。

（2）自然法是道德准则的来源，是人类理性制定一般的或具体的道德准则的依据。阿奎那阐述了自然法的几个重要特征。

第一，"自然法是与人的本性相合相称的东西"[2]，它涵盖了发自本性的一切行为，从自我保存到繁育后代，从追求幸福到服从良心，都是依照自然法的行为。人并不需要先用理智来认识自然法，然后再按自然法行事，相反，按照自然本性行事就是遵从自然法。因此，自然法管辖的是意欲活动、实践行为，而不是理智的思辨活动。

第二，"自然法之于实践理性犹如科学第一原则之于思辨理性"[3]。自然法是自明的原则，它以自然的方式"铭刻"在人的意志之中。当意志行使自由选择的自然能力时，它总是自觉或不自觉地依照自然法的规定进行选择，因此意志具有向善的倾向，"自然法的第一要求是趋善避恶"[4]。

第三，"自然法的第一原则是不可改变的"[5]。阿奎那认为道德的普遍准则在具体应用中依环境与条件而调整、改变，自然法也不例外。在新的环境中，自然法有更多的附加要求，即使在相同环境中，自然法也不是对所有人都有同等效力，但它的上述第一要求是放之四海而皆准的原则，所有人对它都有同样的确信与知识。他们在不同环境和条件下制定出的道德规则都依据这条原则，犹如科学知识的结论都从第一原理中推导出来一样。

（3）自然法可对人的自然生活提供充足的指导，但不足以保障人的

---

[1] 托马斯·阿奎那：《神学大全》，2集1部21题1条。
[2] 同上书，2集1部57题3条C款。
[3] 同上书，2集2部94题2条。
[4] 同上。
[5] 同上书，2集2部94题5条。

社会生活。阿奎那说：

> 人在本性上是社会动物，因此，一个人的思想需要通过语言才能为他人所知。人需要有意义的言谈才能生活在一起，说不同语言的人不可能幸福地生活在一起。[1]

用语言颁布人所理解的自然法更是人类社会生活的基础。成文法的来源有下列两条：

（4）上帝直接向人类宣布的神律，包括《旧约》中的"摩西十诫"和《新约》中耶稣的"登山宝训"。神律表达了自然法最一般的原则。

（5）成文法的另一来源是人的信仰与理性。人向自己内心发掘良知，用语言表达他们对自然法的共同理解。

（6）如果这种共同理解通过信仰途径形成，语言所表达的就是教规。

（7）如果达到这些共同理解的途径是理性，语言所表达的就是民法。民法首先被表达在罗马法之中。

4. 阿奎那强调自然法是成文法的根据，在成文法中，神律高于人法。他说："每一条人法和自然法同样公正，因为它来自于自然法，如果它在任何一点偏离了自然法，它将不再成其为法律，而是对法律的亵渎。"[2] 有人从这段文字中读出教权高于王权的思想，其实，教会法和民法都属于人法，当阿奎那说人法服从自然法，他的意思并不是说民法服从教会法，更不是说王权服从教权。

阿奎那虽然认为教会的目的高于国家的目的，宗教生活高于世俗生活，但他并没有坚持教会高于国家的极端教权主义立场。他采纳了亚里士多德的政治学说，使之与神学相调和。他肯定社会与国家出于人是社会及政治动物这一自然本性，因此也符合上帝的愿望。国家是一群人

---

[1] Saint Thomas Aquinas, *Philosophical Texts*, ed. Thomas Gilby, Oxford University Press, 1960, p. 231.

[2] 托马斯·阿奎那：《神学大全》，2集2部155题2条。

按照自然法组成的团体，国家是完善的社会，它使用一切必要的手段，达到社会的根本目的，即公民的共有之善。在《论君主体制》一书中，阿奎那说国家功能主要是维护国内和平，统一国民行动，提供充足的生活必需品。这种说法来自亚里士多德。在教会力主在前两方面活动起主导作用的环境中，阿奎那重申亚里士多德观点，意在分清教会与国家的权限。阿奎那同意亚里士多德对国家政体的看法，但增添了更多的民主思想。他同意说最好的政体是君主制，最坏的政体是暴君制，因为君主制符合自然的秩序，君主在国家的地位犹如理智之于灵魂，心灵之于身体，蜂王之于蜂群，甚至上帝之于创世的地位。但阿奎那不赞成君主集权，因为理想的君主罕见，坏君主很容易把君主制蜕变为暴君制。君主制只是最好的理想政体，最好的现实政体应是君主制、贵族制与民主制的混合政体。在这种制度之下，民众有权选举官吏，君主的权力受民选官吏的制衡。

阿奎那把国家政体或政府形式看作达到国家目的之手段，他主要从如何更好地达到目的这一角度考虑政体的性质。政府和君主的权力来源问题并不是他关注的焦点。在这一问题上，当时存在着神学家坚持的"君权神授"说与罗马法学者主张的"主权民有"两种对立观点。阿奎那没有参与这场争论，他对人的自然本性的爱好却使他产生出一些难能可贵的民主思想。比如说：

> 所有人的自由生来平等，虽然其他禀赋都不平等。一个人不应像一个工具一样服从另一个人。因此，在完整的国家中没有废除属民自由的君主统治，只有不歧视自由的权威统治。[1]

这听起来似乎是出自近代启蒙学者手笔的文字，实际上赫然出现在

---

[1] Saint Thomas Aquinas, *Philosophical Texts*, ed. Thomas Gilby, Oxford University Press, 1960, p. 386.

阿奎那的著作之中。我们当然不能根据阿奎那著作中某些片段就给他戴上"民主主义"的桂冠,但通观他的社会政治学说,我们至少可以得出他既不是教权主义者也不是专制主义者的结论。

5. 邓·司各特在本体论和认识论上用意志主义批判阿奎那的理智主义,他用上帝无限意志与人的有限意志关系解释自然法。他说,无限的意志"必然热爱自身的善"。人的有限意志以上帝的善为终极的善。人的意志之善在于服从上帝、热爱上帝,"应该热爱上帝,这是实践的第一原则"[1]。

遵守这条第一原则需要有两个先决条件:必须自觉自愿,以及知道什么是上帝的意愿,意志自由和正确理性分别满足了这两个条件。意志自由选择的善与正确理性判断的善必然是同一的,因为意志向善的倾向"不仅根据事物的自然秩序,而且根据正确理性的指示"[2]。自然秩序是事物之间的和谐,它以理念的共处为原型,而理念的共处是上帝对"自身的善"的热爱所造成的,因此,当意志自由地按事物自然秩序作出选择时,必然热爱上帝之所爱。意志选择和谐的目标,理性正确地判断和谐的原因是上帝的善,两者相辅相成,指导道德行为。因此,自然法加诸灵魂之上的无形的命令是人的良知无法拒绝、意志不能不遵循的道德规范。理性可以正确地判断哪些成文法符合自然法。

以"摩西十诫"为例,前四条崇敬上帝的诫律"属于严格意义的自然法,因为如果上帝存在,必然会推断他必须作为上帝被人热爱,从'上帝'这个名称的意义便可判断出他必须是唯一的崇拜对象"[3]。十诫的后六条处理人际关系的诫律属于广泛意义的自然法,因为它们是自然律的第一要求"必须热爱上帝"的必然推论,推理的自明性低于词义的自明性,但不失其必然性。司各特的意志主义自然法学说没有降低伦理学

---

[1] E. Battoni, *Duns Scotus*, Westport, 1978, p. 163.
[2] Ibid., p. 167.
[3] Ibid., p. 174.

的理性主义要求，他在自然法上与阿奎那没有实质性分歧。

6. 奥康神学的意志主义比司各特的意志主义更为彻底，以唯名论的意志主义颠覆了普遍的自然法。奥康认为，上帝的属性，如全能、至善、创造、无限、永恒等，除了代表"上帝"名称的意思之外不表示任何上帝的实际知识，表示上帝存在和属性的神学命题虽然不是知识的对象，却是信仰的对象。神学命题所依据的信仰真理来自《圣经》，《圣经》中描写的上帝按自己意志创造世界、决定人的命运。上帝的意志是信仰的最高原则，人的理性不可能知道上帝的预知和先定的命运。他说："我认为不可能说明上帝认识未来偶然事件的方式，必须坚持他以偶然方式知道这些事件。"[1] 人的道德活动不是被普遍的自然法，而是被上帝意志直接、偶然地决定的，人的意志既不服从理智的判断，也不受欲望的支配。意志是完全自由的。他对"自由"的定义是："任意地、偶然地产生出我可以造成也可以不造成的后果，不管促成我的力量是什么。"[2] "促成我的力量"可能是理智，也可能是欲望，但这些力量并不是必需的，因为意志的自由在于"任意地、偶然地"使用或不使用这些力量。

奥康与其他经院哲学一样认为意志的终极目标是上帝，但认为即使上帝可以最终满足意志，人的意志也不必然地朝向上帝。正因为意志可以自由地选择目标，自由选择才有善恶之分：凡是以上帝为终极目标的意志是善的意志，否则是恶的意志。所谓善就是使自己的意志服从上帝的意志，愿意做上帝愿意他所做的事，不愿意做上帝不愿意他所做的事。反之，"恶就是做与这一责任相反的事情，而上帝不承担任何责任，因为他没有做任何事情的责任"[3]。既然上帝不承担任何道德责任，因此他的意志可以命令人去做任何事情，包括不道德的事情，甚至仇恨上帝

---

[1] 转引自 F. Copleston, *A History of Philosophy*, Image Books, 1962, vol. 3, part 1, p. 104.
[2] Ibid., p. 113.
[3] Ibid., p. 115.

的事情。奥康说：

> 上帝愿意一件事就是做这件事的权利……因此，如果上帝在某人意志中造成对上帝本人的仇恨，就是说，如果上帝是这一行为的全部原因，那么上帝和这个人都没有罪过，因为上帝不负任何责任，人也不负任何责任，因为这一行为不是出于他自己的力量。[1]

同样，如果杀人、偷盗、通奸是上帝愿意某人所做的事情，那么，这个人做这些事情就不是犯罪。

奥康的这些话似乎违反道德常识，然而，他的意图并非取消道德是非观念，或者鼓励人们为所欲为。他区分了两个问题：第一，上帝的意志是否通过普遍的自然法表达？第二，我们如何知道上帝的意志？奥康对第一个问题的回答是否定的。上帝的意志是完全自由、偶然的，他没有必要、也没有责任去命令所有人在所有环境中去做同样的事情，不存在普遍适用的道德法；如果把符合人类理性倾向的自然法作为道德基础，那就取消了上帝无所不能、无所不为的绝对自由。因此，如果上帝命令一个人去做违反自然律的事情，这不但是可能的，而且是合理的——合乎上帝全能的信仰真理。在第二个问题上，奥康认为，任何一个道德行为不仅出自上帝意志，而且出自人的"正当理性"（recta ratio），"上帝意志"并不是可为罪恶解脱道德责任的借口。奥康说："除非人服从正当理性，否则无道德、无德行可言。"[2] 上帝意志与服从正当理性是一致的，如果一个人按照上帝的意愿杀人，那只是因为他具有意识到这样做是服从上帝命令的正当理性。奥康所说的正当理性与其说是理性，不如说是良知，它是对于自己的意志是否服从上帝意志的一种意识，使人在具体环境中识别善恶，判断是非。奥康把个人良知当作

---

[1] 转引自 F. Copleston, *A History of Philosophy*, Image Books, New York, 1962, vol. 3, part 1, p. 116。

[2] Ibid., p. 117.

道德行为的标准,强调个人的道德主体地位。他以上帝意志的偶然性为由取消自然法,在当时的历史条件下旨在反对清规戒律对个人行为的束缚,标志着中世纪后期个人道德意识的觉醒。

7. 奥康在和教廷的斗争中提出了关于个人权利的政治哲学。奥康与教廷争议的第一问题是教会人士是否应拥有财产权。奥康坚持早期基督徒放弃世俗占有、追求精神财富的理想。教皇约翰二十二世则以财产权是上帝赋予的自然权利为由,声称财产权是教会人士享有的正当权利,还以任何人都需要世俗财产维持生计为由,为教会人士的私有财产权辩护。奥康承认上帝赋予每个人拥有财产的自然权利,但他区分"合法性"(postestas licita)和"使用权"(usus inris)。自然权利是人去做某件事的合法性。在人们合法地拥有的事物之中,有些是维持人的生存所必需的,如生命权,但财产权不属此类,人们可以不使用财产权,甚至放弃财产权。只要有出自正当理性的意志,人们放弃财产权同样是合法的。奥康还区分了"使用权"和"事实上使用"(usus facti),不使用财产权不等于不使用财产,放弃对生活必需品的拥有权不等于放弃一切生活必需品。因此,以生存需要为借口维护教会人士财产权的理由是站不住脚的。只不过暴露了教廷在空洞的原则掩饰下聚敛财富的腐败行径。

奥康与教廷争议的第二个问题是教权与王权的关系问题。教皇以上帝的代理人自居,坚持"君权神授",要求把握对君主地位的予夺大权。奥康虽然没有否认"君权神授"的传统观念,但他用人民意愿而不用教皇批准来解释世俗政权的合法性。他认为教权是与王权平行的权力,教权的范围是人的精神生活,而不是国家管理事务;而且,教权的合法性在于信徒的意愿,应在教会内部用普选的方式选举宗教会议代表,用宗教会议选举教皇,反对教皇的专制。他的政治观始终强调个人权利是整体权力的基础,与以个体为实在的唯名论相关联。[1] 我们将看

---

[1] 参阅赵敦华:《基督教哲学1500年》,人民出版社2005年版,第522—523页。

到，阿奎那的自然法学说和奥康的个人权利观，在 16 世纪宗教改革中同时产生了重要影响。

8. 宗教改革时期西班牙经院哲学家弗兰西斯·苏阿雷斯（Franciscus Suarez, 1548—1617）在新的条件下发展了阿奎那的自然法学说。他的论述自然法的主要著作是《论合法性》。当时，经院哲学的政治学说面临着绝对王权和新教改革的挑战。一些新教国家的君王运用"君权神授"的口号为自身合法性辩护，宗教战争环境中国家之间的关系也需要国际法的说明。苏阿雷斯运用自然法解决这些问题的一个关键是关于法律（lex）和权利（ius）的区分。他对法律的定义是"正义和正确意志的行动，它使下级按上级意思去履行义务"[1]。这是一个个带有意志主义色彩的定义，但他用"正义"和"正确"规定合法的意志，这与奥康认为上帝的自由意志就是神圣律的观点大相径庭。苏阿雷斯说，上帝的意志不是任意，他所意愿的是善，并且不包含逻辑矛盾。而奥康说，只要上帝愿意，像谋杀、盗窃这样的行为也是善。按苏阿雷斯的标准，"谋杀""盗窃"这些字眼的意义与"善"是不相容的，不可能被上帝所意愿。此外，上帝意志是正义的，他所意愿的善是公共利益，体现公共利益的法律应是共享这一利益的所有人共同认可的，这些人在法律下平等地分享这一利益。上帝的意志表现为不成文的自然法，铭刻在人的心灵之中。人类制定的成文法依据自然法，符合上帝意志的正确性、正义性，才具有真正的合法性。

什么是权利呢？苏阿雷斯的定义是："每人对他所有或应归于他的东西具有的某种道德力量。"[2]比如，个人对他所有的财产有占有权，雇工对应付的报酬有工资权。法律和权利的一个重要区别在于，法律规定的利益对于每个人是平等的，但是，每个人实际享有利益的权利却是不平

---

[1] 苏阿雷斯：《论合法性》，1 卷 5 章 24 节；转引自 F. Copleston, *A History of Philosophy*, Image Books, New York, 1962, Vol.3, part 2, p. 203。

[2] 同上书，1 卷 2 章 5 节；转引自同上书，p. 204。

等的。为什么会出现这样的差别呢？苏阿雷斯解释说，法律依照区分善恶的内在标准服从上帝意志，权利依照人类社会的外在状况服从上帝意志。比如，自然法要求人人平均占有财产，但没有规定或禁止财产的私有。人们在一定的社会条件下采用私人占有财产的方式，并且在历史中出现了财产的不平等现象。在个人拥有财产权的社会环境中，盗窃他人财产是违反权利的行为，即不道德的行为。

苏阿雷斯承认，在一般情况下，权利也被当作一种法律。但区分权利和法律对于解决现实中的合法性问题至关重要。例如，国际法不是法律，而是权利。只有在理想的国际政治联合体中，所有国家才享有平等的利益。在人类现实的条件下，战争和奴隶占有制是一个国家维护既得利益的权利，不能按照自然法来判定战争和奴隶制的合法性。再如，一个国家的宪法是法律，而不是权利。宪法是社会成员之间的约定，他们为了改善自己的处境，同意平均地把某些利益转让给政府，共同地服从政府。宪法是利益均等的人们之间的平等协议，并保护他们的公共利益，因而是来自自然法的法律。

如果政府不再代表人民的利益，人民推翻它是否合法呢？《论合法性》没有从原则上回答这个问题。在《捍卫大公教会和使徒信仰》这篇反对新教英王詹姆士一世的论文中，苏阿雷斯针对"君权神授"的说法，指出君主的合法性是人民赋予的，詹姆士一世违反公教会信仰的行动不代表人民利益，应该被推翻。但是，他又认为统治者，不管是教皇还是君主所具有的统治权力属于权利范畴，不受法律约束。苏阿雷斯认为统治者不是为公众利益服务的管家，人民一旦把利益转让给统治者，他便具有运用一切有效手段达到公共利益的权利，统治权的依据是风俗、习惯等具体的社会条件，而不是法律。苏阿雷斯据此拒斥了用宗教会议限制教皇统治的改革主张。他对新教王权的限制和为天主教教权的辩护出于同一立场。令人感兴趣的是，他的说法已经提出了权力合法性的问题，为了回答这一问题，近代社会契约论应运而生。

四、人文主义的价值观及其政治理念

1. 中世纪晚期的主要历史事件是地理大发现和文艺复兴运动。地理大发现刺激了已被疾病与灾荒折磨得凋敝不堪的欧洲经济。冒险家、征服者、商人、传教士、新教徒涌向新大陆与非洲。从海外带入的巨额财富已无法为封建社会的经济制度所容纳，社会开始了从自给自足的自然经济到海洋贸易经济，从城市行会到跨国公司，从高利贷的非法交易到金融信贷的合法体制的转变。最早把货币用作生产与商业的资本人格形成一个新阶级——资产者。只有掌握权力与金钱双重力量的新贵族才是最显赫的统治者，对这一时期文化发展有重要影响的佛罗伦萨的美第奇家族就是这样一个典型。但旧贵族并没有退出历史舞台，他们和新贵族都是王权的支柱，成功的君主都对这两个阶级采取均衡政策。

依靠新老贵族和资产者的支持，王权统治在实现民族统一、战胜罗马教会的过程中发展为专制的绝对王权。法王路易十一在百年战争后完成了民族统一。英王亨利七世在与天主教彻底决裂后，集国王与国教首领于一身。西班牙、葡萄牙以及北欧各国也建立起王权专制。意大利和德意志尚未实现民族统一，实行领主家族的城邦制。神圣罗马帝国对德意志城邦仍有控制力。城邦、王国和帝国都是君主专制。而君主专制的意识形态仍然是基督教神学，虽然经院哲学逐渐衰落，但新兴的文化复兴也没有摆脱中世纪思想传统的窠臼。无论从经济、政治、法律和思想上看，这个时代都属于中世纪晚期，而不属于近代早期。

中文的"文艺复兴"译自西文的 Renascence（复兴），其本义并无"文艺"之意，"文艺复兴"的中译给人一种先入为主的印象，似乎这场复兴只局限于文学艺术领域，如莎士比亚、米开朗基罗、达·芬奇、拉斐尔、塞万提斯、拉伯雷等人的作品。但实际上，复兴时期是社会、文化的全面变革。西方基督教世界的文化复兴自13世纪开始，亚里士多德哲学与神学相结合，把经院哲学推向了理性的高峰。人们由此看到了希腊哲学的魅力，但又缺乏全面了解希腊文化的途径。1453年，奥斯曼帝国攻陷东罗马帝国首都君士坦丁堡，关闭了它的高等学府。一批学者携带古希腊罗马典籍流亡意大利，流亡的希腊学者带来的是西方人渴望已久的文化宝藏，促成了文艺、语言学、科学、哲学和神学的繁荣。文化上出现了新旧并行或交替的局面：人文科学与神学、古代哲学与经院哲学、亚里士多德主义与柏拉图主义和复兴的其他古希腊哲学派别、个人主义与权威主义、批判精神与教条主义、理性与信仰、经验科学和自然哲学、科学与伪科学相互撞击与混淆，表现出从中世纪到近代文化过渡的特征。

人文主义是文艺复兴运动中的主要思潮。"人文主义"这个词最初的意思指人文学科（studia humanitatis），人文学科大致相当于古罗马学校讲授的课程，以古典拉丁文为主，包括语法、修辞、诗学、历史与道德哲学。与中世纪"七艺"相比，人文学科省略了"四艺"与逻辑，增加了诗学、历史与道德哲学，它的培养目标是个人的表达能力和文化修养。文艺复兴时期的大学，除少数几所意大利大学之外，仍从事以逻辑为基础的经院哲学与神学的教育。两类不同的教育是造成人文主义者与经院学者的思想和风格差别的一个重要原因。

现在人们常把复兴运动和人文主义当作罗马教会的对立面，其实两者既有对立的方面，也有调和的方面。人文主义者并不否认上帝的存在，而是用宗教的名义，把人的卓越上升到上帝般的崇高位置。文艺复兴时期的艺术品的题材大都取自《圣经》，如米开朗基罗的《大卫》《摩西》《创世纪》和《最后的审判》，达·芬奇的《最后的晚餐》、拉斐尔的《西斯廷圣母》等，都是教堂的装潢。教皇尼古拉五世、庇护二世、利奥十世等人都十分欣赏并赞助人文主义者创作古典艺术。天主教内一些著名的人文主义者提出过宗教改革主张，但丁在《神曲》中谴责僧侣的腐败，把在世的教皇尼古拉三世打下地狱。伊拉斯谟宣扬的返回福音书和保罗神学的改革主张风靡一时。虽然罗马教会内部要求改革的呼声此起彼伏，但教廷和教士阶层在思想上墨守成规，在生活上日益世俗化，沉溺于物质和艺术享受，大肆搜刮财富，发行欺骗信众的"赎罪券"。当不可能在罗马教会内部进行改革时，外部的改革便势在必行了。

一般认为人文主义用人性代替神性，用现世追求代替来世追求，把人文主义与18世纪之后的"人本主义"或"人道主义"混为一谈，这是一种夸张的评价。人文主义与近现代的人本主义的世界观和人道主义的社会观有别，它反映了中世纪晚期的社会风尚和价值观，带有从中世纪到近代过渡的特点。我们从其与近代政治哲学相关的角度，从以下四个方面概括人文主义价值观的政治理念：第一，尊严、自由和德性（2—3）；第二，德性和荣誉的政治学（4—6）；第三，天主教宗教改革（7）；第四，古典学和《圣经》考证（8）。

2. 第一位自称人文主义者的彼特拉克说自己是第一个论述人类尊严的人，他说，其他人放弃了这一主题是因为论述人类悲惨更容易。他针对的是教皇英诺森三世在《论人类悲惨的条件》中强调人是值得怜悯的悲惨动物。在此之后，人文主义以"人的尊严""人的崇高"为题，而传统主义者则以"人的悲惨"为题，针锋相对地陈述各自的观点。传统主义者囿于人对上帝的服从，把人说成是匍匐在上帝脚下的微不足道的生物，过着不能自主的悲惨生活，等待上帝拯救。人文主义者一般都不否认人与上帝的联系，但利用这一联系论证人与上帝相似、高踞万物、自主自由的尊严。比如，托麦达（Anselm Turmeda, 1355—1432）在《驴的论辩》的寓言中设想人与驴争论谁更优越的问题。人最后找出的证据说服了驴：上帝肉身化的形象是人，而不是其他动物。德国的人文主义者阿格里帕（Agrippa, 1486—1535）说，人体的构造是一个小宇宙，它不但包含着组成地上的四种元素，还包含组成宇宙的第五种精神性的元素，人类的构造是天界与地界的缩影，人体的站立姿势使人不像其他动物只能盯着地面，他可以仰望苍天，因此能以上帝的精神世界为自己的归宿。[1]

斐微斯在《人的寓言》中把世界比喻为造物主为人准备的一座舞台，人是可以扮演从最低等的植物到最高级的神灵的演员。造物主从人的本性中除去了固定的本质，人的行为决定了他的存在。他的实体包含着其他本质，具有高于物质和动物世界的能力，也高于自身的道德约束力以及高于公共生活的政治权力。人的最高价值是自由，即选择和造就他自己地位的力量，这是天神赋予人的礼物，人运用自由最后变成最高天神，达到了神的儿子与神一体的最高境界。[2]通过这一方式，斐微斯在"三位一体"的神学信仰中注入了人文主义的价值。

乔万尼·皮科（Giovanni Pico, 1463—1494）在《论人的尊严》中歌颂"上帝，至高的父和建筑师"。上帝造人时说："亚当，我们没有给你固定的位置或专属的形式，也没有给你独有的禀赋……其他被造物的本性一旦被规定，就都为我们定的法则所约束。但你不受任何限制的约束，可以按照你的自由抉择决定你的本性，我们已把你交给了你的自由抉择。我们已把你放在世界中心，使你可以看到世界的一切。我使你既不属于天上，又不属于地下，既不可朽，又非不朽。你可以用自由选择和尊贵造就你的样式和你偏好的形状。你有堕落到低一级的野兽般的生命形式的力量，也有按照灵魂的判断上升到高一级的神圣形式的力量。"瓦拉借上帝之口，为人性和自由谱写一曲我们在20世纪存在主义者那里才能听到的赞歌。[3]

3. 文艺复兴时期的人文主义者大多是虔诚的基督徒，他们要从古代的人性论、德性论和幸福观中找到基督教的拯救。彼特拉克在《论自己

---

[1] 参阅赵敦华《基督教哲学1500年》，人民出版社2005年版，第560—561页。
[2] E. Cassirer, ed., *The Renaissance Philosophy of Man*, Chicago University Press, 1954, p. 391.
[3] 皮科：《论人的尊严》，北京大学出版社2010年版，第25页。

与他人的无知》中说,"拯救却没有足够的认识",就要认识上帝,"这是真正的和最高的哲学"。[1]彼特拉克说,他之所以推崇柏拉图、西塞罗、塞涅卡,因为他们比亚里士多德更接近基督教。他认为柏拉图是最伟大的哲学家,他的哲学最接近于上帝;他从塞涅卡那里了解到:"除了灵魂之外没有任何东西值得赞赏,对于伟大的灵魂来说,没有任何东西是伟大的。"[2]即使如此,他认为古代哲学不能代替基督宗教,当他"在思考和谈及最高真理、真正幸福和永恒的灵魂拯救时,不是西塞罗主义者或柏拉图主义者,而是基督徒。做一个真正的哲学家就是做一个真正的基督徒"[3]。

瓦拉在《论真正的善》的对话中呈现出斯多亚派、伊壁鸠鲁派和基督教三种伦理观的交锋。他总结说,斯多亚主义者为德性而德性,忘记了德性和上帝的联系,他们所谓的德性是虚假的,实际上是与最高的善相违背的恶。伊壁鸠鲁主义者为快乐而追求德性,正确地看到德性的实用目的,但他们否认灵魂不朽和来世报应,认为幸福只是现世可以获得的快乐。基督徒为了来世幸福而追求美德,天国的快乐才是真正的永恒的善;然而,现世快乐是心向来世所获得的正当体验。没有快乐,就没有希望和期待,则一事无成,恭顺而又毫无乐趣地侍奉上帝的人一无是处,因为上帝喜欢快乐的仆人。瓦拉在对话中不但批判了思辨主义的幸福观,而且把思辨哲学的基础归结为行动与哲学之间关系的颠倒。比如,他讨论了上帝的预知是否与人的意志自由相一致的问题。他分析说,对未来事件的"预知"不等于它的"原因",因为预知是理智活动,而原因出自意志力量。诚然,上帝的理智与意志是一致的,但它们之间肯定存在这两个词所指示的差别。至于上帝的意志在多大程度上实现了神圣理智的预知,上帝预知留给人的自由意志多大余地,这是一个

---

[1] E. Cassirer, ed., *The Renaissance Philosophy of Man*, Chicago University Press, 1954, p. 126.
[2] Ibid., p. 44.
[3] Ibid., p. 115.

信仰问题，不是哲学和逻辑可以解决的。他以宗教和信仰的名义反对经院哲学，反对神学与哲学结盟，指出哲学不应是神学的姐妹或庇护人，经院哲学对于宗教是无用甚至是有害的，它曾造成众多异端。[1]

艺术家阿尔伯蒂认识到人与自然的和谐。人是自然的一部分，但又不同于其他部分。他说，上帝创造人是为了让他的杰作被人所欣赏。人在自然界中的崇高地位在于自然赋予人的卓越本性，这些德性包括"理智、可教性、记忆和理性，这些神圣性质使人能研究、辨识、认识要避免和可敬的东西，以使他以最好的方式保存自己。除了无价的可企羡的伟大礼物之外，上帝还给人的精神和心灵另外一种能力，这就是沉思。为了限制贪婪与无度，上帝给人谦和与荣誉的欲望。另外，上帝在人心之中建立了把人类联结在社会之中的坚固纽带，这就是正义、平等、自由和爱心"。阿尔伯蒂在讨论人性善恶时认为人的道德判断是天赋的，"在这种天赋能力的引导下，每一个不是极端愚蠢的人都不喜欢并谴责他人的每一种邪恶可耻行为。没有一个人完全看不出恶人的错误"[2]。这段文字可以说是苏格拉底"无人有意作恶"观点的翻版，但他的论证诉诸神圣与世俗的和谐，认为人有两个部分：一部分属于天国与神圣，另一部分在世俗世界，但比其他可朽物更美丽和高贵。这两部分的先天和谐就是人的道德意识，善是人的各部分的和谐，反之便是恶。

人文主义者借用人与上帝的关系论证人的崇高地位，他们并未完全脱离中世纪思想的前提。但另一方面，他们借用古代伦理学思想，肯定在中世纪被压抑或遗忘的幸福和价值。除了新近引进斯多亚派和伊壁鸠鲁的道德哲学，更多宣扬亚里士多德幸福观的世俗方面，强调健康、幸运、富有和物质利益是外在的实际存在的善，认为没有这些外在的善，内在的善也不会实现。他们既不赞成以禁欲、思辨为幸福，也不否认财富等物质利益本身具有道德属性。意大利著名人文主义者科鲁乔·萨卢

---

[1] Lorenzo Valla, *On Pleasure*, trans. A. K. Hieatt, Abaris Books, 1977.

[2] *Della Statua,* trans, R. N. Watkins, Columbia University Press, 1969, p. 75.

塔蒂（Coluccio Salutati, 1331—1406）说："那些具有巨额财富的人，不也同时得到了骄傲和贪婪和一切罪恶的根源吗？"但他在《论高尚》中又说，贫困的思辨与其说是幸福，不如说是不时啄着普罗米修斯肝脏的鹰。人文主义者称颂的幸福是内在与外在的善、灵魂与肉体快乐的协调。[1]

4. 人文主义者把批判矛头指向经院哲学，但更激进者进一步提出了用更符合人性的温和、开明政治代替宗教专制的主张。托马斯·莫尔（Thomas More, 1478—1535）是英国政治家，1529年起任大法官，因拒绝承认英王亨利八世有权领导教会而被处死。莫尔是人文主义者，他把一些希腊文的传记、诗歌、政治与宗教著作译为英文。他的代表作《乌托邦》被认为是空想社会主义的开端。德默特·芬隆在一篇研究报告中评价道："《乌托邦》的诉求是促使修道院价值向适应世俗国家价值的转变，其出发点和加尔文日内瓦的改革和罗马教会的反向改革（Counter Reformation）的起点是一致的。"[2]

《乌托邦》明显表达了人文主义者的德政理想：乌托邦是理想的共和国，它不但与邻邦保持和平，而且公民处于完全自由状态，不像世界上其他国家，"只是在共同体的名称和名义之下追求个人私利的富人的一个阴谋"。乌托邦达到幸福的奥秘在于政府以德性为目标，"事情组织得如此之好，使德性都有回报"；公民的德性主要表现为献身于公众事业，"每个人都把自己的才能与精力贡献给公众事务"。[3]

莫尔从德政的要求出发，得出废除私有制的主张，他的理由仍然是德性的标准。他认为，既然德性是奖赏与荣誉的唯一标准，那么其他标准理应废除。传统上把财产作为好公民的不可缺少的资格，"在这样的制度中，高尚、伟大、显赫、尊严等一些众所周知的共同体优点和真正美

---

[1] 转引自 *The Cambridge History of Renaissance Philosophy*, ed. C. B. Schmitt, 1988, p. 332。

[2] Dermot Fenlon, "England and Europe: Utopia and Its Aftermath", in *Transactions of the Royal Historical Society*, Fifth Series, 1975(25), p. 131.

[3] *Complete Works of St. Thomas More*, Vol 4, Yale University Press, 1965, pp. 102, 244.

好象征都被扫荡殆尽"。因此,"除了彻底废除私有财产的制度之外,不可能有正义和利益的平均分配以及道德事务中的任何幸福"[1]。

莫尔的政治蓝图以道德理性为基础,他以人文主义高尚的德性标准否认财产的道德价值。虽然他得出了其他人文主义者没有说出的废除私有制的结论,但他的思想基础和理论前提仍然是人文主义者的政治道德化的主张,这一主张直接承袭了基督教政治的传统,因此有人称莫尔为"基督教人文主义者"。第一个近代政治哲学家霍布斯在《利维坦》中批评了基督教国家的德性政治的主张:

> 现在路加城的塔楼上以大字特书自由二字,但任何人都不能据此而作出推论说,那里的个人比君士坦丁堡的人具有更多的自由,或能更多地免除国家的徭役。[2]

霍布斯批评的是德性政治仅仅把自由当作理想的不切实际,他主张的是现实主义的政治哲学。

5. 从意大利城邦的现实出发,一些人文主义者把罗马人追求的荣誉和高尚提高到首要德性的位置,凸显不同于中世纪的道德观。托马斯说:"欲求人的光荣毁坏了高尚的性格,把光荣奖赏给君主的同时损害了人民。因此,善人的责任是鄙薄光荣以及一切世间利益。"[3]人文主义者则不同,他们一致把荣誉作为人的尊严的体现,但丁早在《神曲》中就说过,哪里有德性,哪里就有高尚。然而,高尚表现在何处呢?中世纪武士尚武,新兴资产者拜金,两者都不符合人文主义者的标准,因此尚武与财富被他们排除在德性之外,他们崇尚的德性是对名誉的追求,以及名誉的一些外在标记,如优雅的语言、举止和服饰,高超的鉴赏力。

---

[1] *The Works of Thomas Moore*, London, 1968, p. 104.
[2] 霍布斯:《利维坦》,商务印书馆 1985 年版,第 167 页。
[3] 托马斯·莫尔:《论君主的体制》,1 题 8 条,转引自 *The Cambridge History of Renaissance Philosophy*, ed. C. B. Schmitt, Cambridge, 1988, p. 412。

"高尚"（nobilitate）和"尊严"的范围不同，后者指人类相对于万物和动物的尊严，与启蒙之后的人格尊严大相径庭。15世纪的欧洲仍然是封建的等级社会，"高尚"就其本义来说指贵族（nobiles）的身份。人文主义者所说的高尚是新贵族的崇尚，也是君主统治的荣耀。意大利人文主义者乔维诺·庞达诺（Gioviano Pontano, 1426—1503）要君主记住"声望和威严是完满一体的"，"每一天都要提高荣誉"，只是为了荣誉，君主才有道德修养的必要性。荣誉的德性比"太阳更辉煌，即使看不到太阳的瞎子也会明白地看到这种德性"[1]。

政治学是伦理学的延伸，正如托马斯·莫尔的《乌托邦》表达人文主义德性政治的理想，尼科洛·马基雅维利（Nccolo Machavelli, 1469—1517）试图按照罗马人政治学说的标准塑造新型统治者。他出生于佛罗伦萨律师家庭，自幼接受人文学科教育，青年时担任佛罗伦萨共和国外交官。1512年美第奇家族攫取政权后离开公职，因被怀疑参与反美第奇活动而遭软禁。在此期间，撰写《君主论》献给美第奇。获释后于1513—1519年写成《论李维的前十书》等著作。1527年共和国重新建立之后失去公职。

《君主论》鼓吹绝对君权，《论李维的前十书》论证共和制的必要性，两者看起来相互矛盾，其实表达了人文主义者的政治主张。在当时的政治学著作中，君主制和共和制不是截然对立的两种制度。《君主论》是献给君主的进谏，制订供统治者阅读的行动准则，特别注重统治者品质和能力；而《论李维的前十书》是面向大众的著作，主要论述各阶层应遵循的政治制度。

马基雅维利的《君主论》列举历史上和现实中成功君主的事迹，得到正反两面经验，当君主"知道他是他的军队的完全的主人的时候，他的名声总是越来越大，他受到人们的敬佩，是任何时候都比不上的"；

---

[1] 转引自 *The Cambridge History of Renaissance Philosophy*, ed. C. B. Schmitt, Cambridge, 1988, p. 425。

反之,"世界上最弱和最不牢固的东西,莫过于不以自己的力量为基础的权力的声誉了"。[1]他称赞当时的西班牙国王阿拉冈的费尔迪南多是"基督教世界中首屈一指的国王",因为他的武装力量"一直给他带来了荣誉"。马基雅维利为君主制订的准则是:"一位君主必须依靠他的行动去赢得伟大人物与非凡才智的声誉。"[2]君主只要能够"征服并且保持这个国家","他所采取的手段总是被人们认为是光荣的,并且将受到每一个人的赞扬。因为群氓总是被外表和事物的结果所吸引,而这个世界里尽是群氓"[3]。

关于人民是群氓,马基雅维利用性恶论作了说明:"关于人类,一般地可以这样说:他们是忘恩负义、容易变心的,是伪装者、冒牌货,是逃避危难、追逐利益的。"面对这样的臣民,君主有理由不受道德的约束,他不可能避免残忍的名声,他的安全感更多地在于被人畏惧,而不在于被人热爱,最有成就的君主都是不重信用的,如此等等,这些品质都是恶,但非如此便不能统治,这可以说是以恶治恶。

君主德性只是获得成功和荣誉的手段,君主应依能否达到这一目的决定德性的取舍。他对德性的分析与道德学家有根本分歧。比如,人文主义者一般把尚武排除在德性之外,马基雅维利要求君主把军事实力作为首要力量。人文主义者要求君主具有良好的修养和生活习惯,马基雅维利却认为只有在导致自己亡国时对君主才是一种恶,一个明智的君主可以保留那些不会使自己亡国的恶性,如果他发现不能够避免其他恶性,则毫不踌躇地听之任之。[4]

传统公认的正义、自由、宽厚、信仰、虔诚等美德,在马基雅维利眼里没有价值,不是君主必须践履的原则,对君主行为没有道德约束力。他说:"人们实际上怎样生活与人们应当怎样生活,其距离是如此之

---

[1] 马基雅维利:《君主论》,商务印书馆1987年版,第66—68页。
[2] 同上书,第105、106—107页。
[3] 同上书,第85—86页。
[4] 同上书,第74页。

大,如果一个人要是为了应该怎么办而把实际上是怎么回事置诸脑后,那么他不但不能保存自己,反而会导致自身毁灭。"[1]

马基雅维利还教导君主:"世界上有两种斗争方法:一种方法是运用法律,另一种方法是运用武力。第一种方法是属于人类特有的,而第二种方法是属于野兽的。"既然人类都是"冒牌货"的群氓,君主要以"半人半兽的怪物为师"。在运用野兽的方法时"应当同时效法狐狸和狮子",君主的艺术在于知道什么时候当狐狸,什么时候当狮子,特别是要"深知这样做狐狸",那就是,"君主必须深知这样掩饰这种兽性,并且必须做一个伟大的伪装者和假好人。人们是那样地单纯,并且那样地受着当前的需要所支配,因此要进行欺骗的人总可以找到某些上当受骗的人们"[2]。

《君主论》赤裸裸地鼓吹武力征服、欺骗、作恶,即使在黑暗时代也难以成功,更不要说在民智渐开、法制成熟的中世纪晚期了,把马基雅维利看作第一个近代政治哲学家是荒谬的。

6. 如果说马基雅维利的政治学有现实主义因素的话,那可以在《论李维》中看到。马基雅维利用肯定的态度谈论人性。他说:

> 从天性上说,人即使有能力获得一切,也有这样的欲望,可是命运却让他们所得无几。这会使人的头脑中不断产生不满,对已有的东西产生厌恶。[3]

无论是对不安于现状的追求还是对一切限制的憎恨,都是人类的自由天性。以历史变化的眼光看待人性,马基雅维利赞扬古代人自由的德行。他说:

---

[1] 马基雅维利:《君主论》,商务印书馆1987年版,第71页。
[2] 同上书,第83—84页。
[3] 马基雅维利:《论李维》,上海世纪出版集团2005年版,第207页。

了解古代王国的人都知道，由于风俗的差异，它们的善恶有多有少，可是世界还是那个世界。唯一的不同是，上天先是把德行放在亚述，又放在米底，然后放在波斯，最后是意大利和罗马。虽然在罗马帝国之后，再没有出现一个把世界的德行集于一身的帝国，然而德行却被分散于众多的民族，让他们过着有德行的生活。[1]

马基雅维利唯独不把基督教道德列入德行。他说：

我们的信仰不同于古人。我们的信仰，指明了真理和真理之道，使我们不看重现世的荣耀，而异教徒却对它极为推崇，把它视为至善……除了现世荣耀等身者，例如军队的将帅和共和国的君主，古代的信仰从不美化其他人。我们的信仰所推崇的，却是卑恭好思之徒，而不是实干家，它把谦卑矜持、沉思冥想之人视为圣贤……这种教养，这些荒谬的解释，使我们今天再也看不到古代那样众多的共和国了，从而再也看不到人民中间有着像当时那样多的对自由的热爱了。[2]

"自由"（libertas）在古罗马共和国的维护者西塞罗、萨路斯特（Sallust）和李维（Levi）等人著作中的主要含义指免受外族奴役以及公民的利益互不冲突。马基雅维利憧憬古罗马共和国的光荣，看到罗马的伟大在于共和制度。他说：

精明的人创立共和国，必做的事情之一，就是为自由构筑一道屏障，自由生活方式存续之短长，端赖此屏障之优劣。[3]

---

[1] 马基雅维利：《论李维》，上海世纪出版集团2005年版，第206页。
[2] 同上书，第214—215页。
[3] 同上书，第58页。

罗马共和制建立了君主制、贵族制和民主制的混合制度，"由于三种统治形态各得其所，此后共和国的国体更加稳固"，"在这一混合体制下，它创建了一个完美的共和国"。[1] 后来罗马共和国的衰落，根源是平民和元老院的内讧，演变为皇帝专制的帝国。马基雅维利一反《君主论》中关于君贵民轻的议论，证明人民"并不比君主更加忘恩负义。说到做事的精明和持之有恒，我以为人民比君主更精明、更稳健、判断力更出色。人民的声音能比作上帝的声音"，"在推选官员上，他们的选择远胜于君主"；公民应当平等，"地位再尊贵的公民，不可蔑视人微言轻的公民"。[2] 各阶层公民应该相互均衡、监督，代表平民的集团和代表贵族的集团通过促进自己利益的争论达到公共利益。他说："有利于自由的法律都采自他们之间的不和"，"优良的楷模生于良好的教养，良好的教养生于良法，而良法生于受到世人无端诬责之纷争"[3]。就是说，公民间的自由争论可以产生自由的法律，而自由的法律保障人的自由天性和教养，两者相辅相成，造就国家的自由、强大和光荣。

文艺复兴时期大多数人都在传统意义上肯定人类的自由选择能力，而马基雅维利从罗马共和制度得到政治自由的思想，并把各派力量的均衡作为政治自由的保障。

必须承认，近代政治哲学对自由的理解更接近马基雅维利。但不能因此夸大马基雅维利政治哲学的现代性，他在否认和忽视基督教信仰的条件下谈罗马共和制度是不现实的，正如他承认的那样："我也搞不清楚，自己是否应算作自欺之人，因为我在自己这些文字中，也对古罗马时代大加赞美，谴责我们的时代。"[4] 如果说莫尔的《乌托邦》是超前的空想，那么马基雅维利憧憬的古罗马就是复古的妄想。

7. 中世纪晚期的失序的一个重要原因是罗马教会由于自身腐败和

---

[1] 马基雅维利：《论李维》，上海世纪出版集团 2005 年版，第 50、52 页。
[2] 同上书，第 195、139 页。
[3] 同上书，第 56 页。
[4] 同上书，第 207 页。

神学的分裂而失去大一统的权威。教会内部的改革派要求用宗教会议的集体领导代替教皇个人独裁。1409年比萨主教会议宣布："教皇也是人，因此，他也会犯罪，犯错误"；"教皇必须在所有事情上服从主教会议，……否则主教会议有权废黜他"。[1] 宗教会议运动在1417年召开的康斯坦茨会议上达到高潮。但是，教皇否认会议决议，发表禁止主教会议上提出反对教皇的公告。约翰·威克里夫（John Wycliffe）在英国和约翰·胡斯（John Huss）在波希米亚发动的反对腐败和教皇独裁的群众运动遭到镇压，胡斯甚至被烧死在火刑柱上。

天主教内部要求制度改革的呼声被扑灭之后，人文主义者运用古代思想资源发出了攻击经院哲学的思想改革呼声。德西德里乌斯·伊拉斯谟（Desiderius Erasmus, 1466—1536）是天主教内部这一改革思潮的代表。他出生于荷兰鹿特丹天主教家庭，少年时代在天主教会内有革新精神的共同生活兄弟会中受教育。1487年成为奥古斯丁会教士，1492年被任命为神父，后来在巴黎、牛津、鲁汶等地学习，先后在剑桥、鲁汶、巴塞尔和弗莱堡等大学任教。

伊拉斯谟的《基督教骑士手册》是为一个担心"陷入宗教迷信"和"信仰犹太教那样的畏的宗教；而不是爱的宗教"的骑士而写的；伊拉斯谟说明了基督教的本质有两条：一是以《圣经》的知识为武器与生活中的罪恶作无休止的斗争，二是关注内心对上帝和邻居的爱，而不是外在的崇拜活动。为了获得《圣经》的知识，必须热忱地研究上帝的道，熟悉保罗的教导。他认为异教徒，如柏拉图主义者、斯多亚派"通常是优秀的道德教师"。[2] 而古代思想的主要注释者是早期教父如奥利金、安布罗斯、哲罗姆、奥古斯丁。

伊拉斯谟明确反对经院学者和僧侣，说他们纠缠《圣经》文字而忘

---

[1] 转引自 C. Beard, *The Reformation of the Sixteenth Century in Its Relation to Modern Thought and Knowledge*, London, 1927, p. 17。

[2] M. Spinka, *Advocates of Reform: From Wyclif to Erasmus*, SCM Press, 1953, p. 304。

了精神，依赖邓·司各特却不读《圣经》原著。在学术上沉溺于文字而不关注精神实质，与在行动上装作虔诚却不关心他人的人同样不正当。他斥责那些伪君子："你的兄弟需要帮助；这时你却喃喃地向上帝作祷告，装作看不见你的兄弟的需要。"他还说：

> 你一夜输尽千金时，一些贫穷的女孩为了生活需要出卖肉体，失去了灵魂。你说："这与我有何相关？我只想与我相关的事。"你能不能看到，像你这样想的基督徒还能算作人吗？[1]

伊拉斯谟在《圣经》希腊文–拉丁文对照本的前言中自称他的思想是把学问与生活融合为一体的"基督的哲学"（Philosophia Christi），这是两个与经院哲学相对立的概念。他说：

> 在这种哲学中，心灵的意向比三段式推理更为真实，生活不仅仅是争论；激励比解说更加可取；转变是比理智思索更为重要的事情。只有极少数人是有学问的，但一切人都能成为基督徒，一切人都能是虔诚者，我斗胆说，一切人都能成为神学家。

他说，这是一种异常的智慧，它"一下子赋予愚人全部的现世智慧"[2]。"愚人"和"智慧"的关系是伊拉斯谟《愚人颂》的主题。这部广泛传播的讽刺著作和匿名作者写的《无名者的信》被当时的宗教改革者们用作攻击教会制度、教皇和僧侣的武器。伊拉斯谟写出了一个愚人眼里看到的世人的虚伪和愚蠢，即便那些被人尊重的有智慧、有道德、有名誉和地位的人也不例外。他辛辣的笔锋直指僧侣、神学家、哲学家、主教乃至教皇，他的目的是教育世人放弃自作聪明、自以为高明的幻

---

[1] M. Spinka, *Advocates of Reform: From Wyclif to Erasmus*, SCM Press, 1953, pp. 320,360.

[2] J. Olin, *Desiderius Erasmus*, Charles Scribner's Sons, 1980, pp. 100, 96.

觉,成为圣保罗所称的"神在世上拣选的愚人"(哥林多前书,1:27)。他说:"《愚人颂》的动机和其他著作并无不同,只是方法不同。"[1]

伊拉斯谟的理想是用"基督的哲学"改造神学,按保罗的主张改造教会,更重要的是除去人性中虚浮矫揉的一面,恢复简单、质朴的自然本性。福音书的素朴信仰胜过烦琐的说教和仪式。他在《谈话集》中说到这样一个故事,在一次海难事故之中,船上的人惊慌失措,乞求圣徒保佑,许诺报答的誓言。只有一个母亲保持平静和尊严,怀抱着孩子,默默地祈祷,最后只有她得救。他相信符合自然本性的基督教信仰与一切圣贤发现的真理是相通的,反对宗教狂热和专制主义,主张通过教育,而不用强制手段改变人的不良生活。他赞赏苏格拉底娓娓动人的劝导,更推崇他视死如归的气概;他的名言"圣苏格拉底为我们祈祷"是一个基督徒对异教徒道德的最高评价。[2]

伊拉斯谟宣扬的返回福音书的改革主张和新教改革纲领有一致之处,却不是罗马教廷的主导思想。伊拉斯谟温和的人文主义与路德激进的信仰主义差距甚大。我们将看到,这一差别酿成了他们之间的激烈论战。人文主义者的这些改革主张既没有被罗马教廷所采纳,还遭到新教改革派的反对,但它们对宗教改革运动的进程以及后世的启蒙精神都有不可磨灭的影响。

8. 早期人文主义者一般不关心自然研究,彼特拉克的一段话有代表性。他说,自然之物"即使是真实的,对幸福生活也是无关紧要的。因为我了解动物、鱼类和蛇类的本性,却忽视或蔑视人的本性、人生的目的以及人的起源和归宿,这对我又有什么用处呢"[3]。后期一些人文主义者热心于自然哲学,但过于思辨和奇巧,落后于同时代新兴的自然科学。但不能说,人文主义者没有一般意义上的科学精神,而可以说,他

---

[1] J. Olin, *Desiderius Erasmus,* Charles Scribner's Sons, 1980, p. 59.
[2] C. R. Thompson, *Colloquies of Erasmus*, Chicago University Press, 1965, p. 68.
[3] E. Cassirer, ed., *The Renaissance Philosophy of Man*, p. 58.

们对语言文字的研究或艺术创作具有严谨探索和大胆创新的科学态度和方法。比如，列奥纳多·达·芬奇（Leonardo da Vinci, 1452—1519）把绘画当作"绝妙的科学"，他说：

> 绘画科学女神统治着人类和神圣的作品……她告诉雕塑家要给塑像完满性，她用图教导建筑家造出悦目的大厦，她指引陶匠造出各式器皿，又指引金匠、织匠和绣工，她创造了书写各种语言的字母，给予数学家符号，描写几何图形，她教导光学家、天文学家、力学家和工程师。[1]

在他的笔记中，可以看到不少关于光学、声学、动力学的天才想法和设计。

现在的古典学主要讨论古希腊文和拉丁文的语文学（philology），基本不触及宗教信仰问题。这门学科在诞生时却是一门专门针对中世纪"学问"（doctrine）的精细的艺术（art）。关于古典学的科学性，19世纪的尼采深有体会。他评价说，语文学训练是一种长期养成的科学习惯，文科中学的任务是"教你严格的思考，谨慎的判断以及前后一致的推断"，"只有当正确阅读的艺术，即语文学，得到最新的发展的时候，所有科学才能赢得连续性和恒久性"[2]。

古典学创始人都有批判志趣和改革主张。瓦拉用文字考证与解释学的方法，首先证明8世纪以来一直作为教皇世俗权力的合法性依据的历史文件《君士坦丁的赠礼》是伪作。

古典学公认的创建者伊拉斯谟最重要的作品当属希腊文-拉丁文对照的《新约全本》（Novum Testamentum omne）。原来他只想用当时流利的拉丁文重新翻译《圣经》，但后来发现替代中世纪流行的通俗

---

[1] J. P. Richter, ed., *The Literary Works of Leonardo da Vinci,*, Oxford University Press, 1939, sec. 27.
[2] 尼采：《人性的，太人性的》，中国人民大学出版社2005年版，第184、187页。

（Vulgate，武加大）拉丁文《圣经》的最佳途径是用希腊文《圣经》勘定后者的错误。伊拉斯谟的《新约全书》共有 5 个版本。第一版于 1516 年在巴塞尔出版，标题是"新教导"（Novum Instrumentum），1519 年的第二版改为"新约"，路德的德译本利用了这个版本。第三版出版于 1522 年，不包含"约翰短句"，早期的英译本，如丁道尔本、英王本依据的也是这一版本。1527 年出版的第四版是希腊文、拉丁通俗版和伊拉斯谟的拉丁译本的对照版，其中《启示录》最后六段取自西班牙主教希梅内斯（Ximenez）主编的多语种的"康普顿斯圣经"（Biblia Complutensis）。1535 年版去掉拉丁通俗版的对照。伊拉斯谟的希腊文－拉丁文对照版被称作"领受版"（Textus Receptus）。其实，与同时期的"康普顿斯圣经"相比，伊拉斯谟的《圣经》内容（只有《新约》）和语种（没有《旧约》希伯来文和希腊文），而且新约希腊文的来源也不全，只在君士坦丁堡一个家族收藏的版本中选用最流畅的版本，且不包括《启示录》，这篇的希腊文是从拉丁文倒译的。只是康版为等待教皇批准而晚出几年（1522 年发行），销量不大（600 套，而伊版第一、二版销售 3000 册），更重要的是，伊版被德英译者当作原版，因而被定为"领受版"。不仅如此，伊拉斯谟还编辑、翻译了早期教父安布罗斯、约翰·克里索斯托、哲罗姆、奥古斯丁、大巴兹尔等人的著作，以及古典作家亚里士多德、西塞罗的著作。多伦多大学出版社出版的《伊拉斯谟文集》（Collected Works of Erasmus）共 78 卷，大多数是古希腊文、《圣经》希腊文、古典拉丁文和教父拉丁文的翻译整理作品。他的工作奠定了他作为古典学创始人的地位。伊拉斯谟新编和新译的《新约》和"康普顿斯圣经"全本都得到教皇利奥十世的批准，伊拉斯谟还把他的新编本献给教皇。始料未及的是，宗教改革中流行的《圣经》新译本却成为新教与天主教之间激烈冲突的根源，故有"伊拉斯谟下蛋，路德孵鸡"之说。但这不是伊拉斯谟的本意。

《圣经》批评有一个从"低阶批评"（lower criticism）到"高阶批

评"（higher criticism）的过程，但两者密不可分。文字考证必然导致对《圣经》意义的批判性考察。一个著名的例子是"约翰短句"（Comma Johanneum）。和合本和大多数现代版本《圣经》的《新约·约翰一书》5:6—8 记作："这藉着水和血而来的，就是耶稣基督；不是单用水，乃是用水又用血，并且有圣灵作见证，因为圣灵就是真理。作见证的原来有三：就是圣灵、水与血，这三样也都归于一。"但中世纪流传的通俗本 5:7—8 却有这样的短句："天上记着的有三样：父、道和圣灵，这三样是一。在地上作见证的也是三样。"（英王钦定本记作："For there are three that bear record in heaven, the Father, the Word, and the Holy Ghost: and these three are one. And there are three that bear witness in earth, the Spirit, and the water, and the blood: and these three agree in one."）这段话被认作三位一体的明显证据。但伊拉斯谟发现当时所有希腊文新约中没有中间这一段，因而在新本的第一、二版排除了这一段，但第三版以后的版本以一个新近的希腊文本为根据恢复了这个短句。现在发现，这个短句不见于早期的希腊文版本和最早的拉丁通俗本，很多人相信，有短句的那个希腊版本很可能是 1520 年的产物，短句是依据 5 世纪流行的拉丁通俗本页边的一个注释倒译过来的。罗马教会于 1927 年承认这是一个有待解决的释经问题。

在宗教改革之中，《圣经》低阶批评走向高阶批评。"低阶批评"是对《圣经》文字的勘定、版本的比较和文本的翻译，新教翻译和使用的《圣经》首先引起了与天主教的版本之争，新教使用的版本只承认《旧约》39 卷为正典，而把拉丁通俗本《旧约》46 卷中另外 7 卷和《以斯帖记》《但以理书》中的附录和一首赞歌当作外经。罗马教廷在宗教改革进程中首先阐明关于《圣经》正典和教廷传经的教义。1546 年 4 月，第四次特伦托主教会议颁布关于《圣经》正典的敕令，其中关键的一句是，凡不接受正典的全部之书包含在"老的武加大本之中，以及主观故意蔑视此后传统者"，"让他被诅咒"（即革除教籍）。这个规定以武加大本作为标准，确定正典的卷目，以及"此后传统"即天主教会传经传统的权威。而新教不但否认教皇拥有解释《圣经》的权威，而且不承认罗马教廷传经传统的权威。[1]加尔文后来在《基督教要义》中更明确地说："认为评判《圣经》的大权是在于教会、因此确定《圣经》的内容也以教会的旨意，这乃是非常错误的观念。"[2]17世纪近代政治哲学奠基者霍布斯、斯宾诺莎和洛克在他们著作中用大量篇幅解释《圣经》，他们一方面借助低阶批评的语文学考证，另一方面受当时自然科学的方法论影响，从而把《圣经》解释转化为政治哲学的理论依据。

---

[1] 参阅赵敦华《罗马教廷回应圣经批评运动的七大文献》，载《世界宗教研究》2012年第6期。
[2] 加尔文:《基督教要义》(上册)，基督教文艺出版社1991年版，第172页。

第二章　近代早期政治哲学的基础

　　随着教会法和普通法的基督教法制趋于完善，罗马教廷世俗化逐渐腐化，人文主义的宗教改革呼声日益高涨，我们会看到新教高举神圣的旗帜冲破天主教一统天下的宗教改革运动。新教改革时代起于1517年路德在维腾堡教堂大门上贴出《九十五条论纲》的"大字报"，结束于1688年英国"光荣革命"。在170年的时间里，西方大公教会中分裂出路德宗、加尔文宗和安立甘宗三大新教，史称基督宗教第二次大分裂。宗教改革不仅是宗教运动，在既是宗教又是政治的广泛的社会运动中，西欧民众和各国政权都卷入或积极参与基督宗教大分裂，这场运动既改变了民众的信仰体系、思想观念，又改变了欧洲的政治版图。宗教改革中的政教关系可由下列简略概括表示。

　　（1）罗马天主教会与神圣罗马帝国结盟，与法国、西班牙、奥地利王室，以及英国效忠势力联合，这个阵营与宗教改革阵营的激烈冲突，酿成法国胡格诺战争，导致尼德兰革命和英国革命。宗教改革之后，法国、奥地利、西班牙和葡萄牙等天主教国家成为现代民族国家。

　　（2）路德宗改革依赖德国列邦贵族的支持，但群众基础是农民。当闵采尔彻底改革的神学唤起了农民的革命热情，路德支持贵族镇压农民。路德提出"双重治理论"：属灵治理由教会承担，属世治理通过法律和刀剑实施。《奥格斯堡合约》规定了"教从邦定"(cuius region eius religio)的原则,把神圣罗马帝国分为天主教国家和新教国家两大阵营,造成三十年战争的宗教战争。1648年战争各方缔结《威斯特伐利亚合约》之后,造成德国各邦长期分裂和封建贵族为主、教会为辅的统治。马克思说,路德"把僧侣变成俗人";恩格斯说:"结果,德国在200年中被排除于欧洲在政治上起积极作用的民族之列。"[1]这是有见识的判断,可惜没有得到细致深入论证。

(3)加尔文宗的改革最彻底,加尔文把"双重治理"统一起来,把圣洁生活的精神领域与政治、经济、科学等公共领域结合起来。加尔文比其他宗教改革家都注重律法,试图把日内瓦建成符合神的意愿的法律治理的榜样,名为上帝之国,实质上是政教合一的神权统治。但在加尔文宗从日内瓦传播到欧洲各国、成为国际性联盟的过程中,它的分支或变种把长老制民主议事的模式推广到国家治理,赋予人民群众推翻暴君的神圣权利,用"草根"式的宗教组织动员民众。加尔文宗的群众基础是市民即资产者,因此恩格斯评价说,加尔文"以真正法国式的尖锐性突出了宗教改革的资产阶级性质",为第一次资产阶级革命"提供了意识形态的外衣",适应了"当时资产阶级中最果敢大胆的分子的要求",荷兰和英国革命"发现加尔文教就是形成的战斗理论"[2]。如果不把"外衣"简单地理解为掩饰或伪装,经过必要的理论分析,这个论断可以得到史实的支持。

安立甘宗的改革开始于1531年亨利八世与罗马教会决裂,创立国教。然而,安立甘宗自上而下改革的不彻底性,为国教、天主教与新教各派势力打开大门,英国成为宗教改革与复辟、革命与妥协反复较量的国际平台,直至1688年"光荣革命"才逐渐平息,完成了建立民族国家的进程。

---

[1]《马克思恩格斯文集》,人民出版社2009年版,第1卷,第12页;第3卷,第510页。
[2] 同上书,第3卷,第511、311页。

本章不是按照上述简略图所写的宗教改革时期的思想史，而是旨在为以后各章研究近代政治哲学提供思想资源和理性见识。在我们看来，宗教改革既是中世纪"神圣—世俗二元结构"的结果，又创造了新的"神圣—世俗二元结构"，形形色色的近代政治哲学学说，都是在这个新的"神圣—世俗二元结构"中展开的。其奠基者霍布斯、斯宾诺莎和洛克的政治哲学是在宗教改革过程中产生的；后来的法国、苏格兰和美国启蒙思想家直接或间接地、肯定或否定地受宗教改革思想的影响；从康德到黑格尔的德国启蒙哲学家与路德宗神学也有错综复杂的关系。为了替近代政治哲学作理论铺垫，我们有选择地阐述路德宗和加尔文宗的神学、英国革命性神学思想，以及宗教改革思想的现代性特征。

一、路德神学

1. 从历史渊源上看，宗教改革运动的发起人马丁·路德（Martin Luther, 1483—1540）的神学受到奥古斯丁主义、14世纪陶勒尔传播的神秘主义和奥康主义的影响。这并不是说他继承和发展了这些在哲学史上有价值的思想，而是说，他利用这些思想对圣保罗"因信称义"的教义作出新的说明，从而为新教神学奠定了理论基础。路德虽然不是哲学家，却非常清楚自己在哲学争论中的倾向性。他曾在维腾堡讲授亚里士多德伦理学达8年之久；当他与罗马教廷决裂之后，他把亚里士多德主义以及与之联合的经院哲学当作理论上的敌人，说"亚里士多德《伦理学》是恩典的最坏的敌人"。另一方面，如果我们考虑到奥古斯丁、陶勒尔（通过其师艾克哈特）和奥康（就其意志主义而言）都有柏拉图主义或非亚里士多德主义倾向，我们便不难理解为什么路德会在1518年海德堡的论辩中申说，柏拉图哲学优于亚里士多德哲学。他在那里说："柏拉图朝向神圣、不朽、分离、不可感但可知的方向努力，亚里士多德却相反，只讨论可感和单个的东西；完全是人类和自然的东西。"[1]这一哲学史的评价也适用于他的神学与天主教神学的分歧。

2. 路德宗教改革的口号是因信称义，唯有信仰。他关心的主要问题是人如何获救以及人如何能确定自己获救的命运。他在讨论这些神学问题时提出了一些值得注意的认识论思想。首先，他认为"因信称义"是一个精神转变的过程。信仰最初表现在对上帝全能和公正的畏惧以及人在上帝面前的渺小感、犯罪感和内疚心情。他说，卑谦是虔诚的基础，人必须摒弃自我（Ichheit），把自己看作非存在，让一切都由上帝完成。把自我交给上帝，产生对上帝的信赖和热爱，并且进一步发展为期待上帝恩典的希望。保罗在"信—爱—望"三者中间强调"爱"，而路德强调畏和爱的统一所产生的望，变成完全的信仰。人因信仰而成为义人，或者说，获得了被免除罪恶的恩典。路德称恩典的获得为"称义"（justificatio），这是个内在的转变和再生的过程。"转变"主要指由犯罪感到确信获救的精神变化，人也由"罪人"变成"义人"，这就是"再生"。

路德着重强调确定的获救感是最基本的确信，它是理性的标准而不需要通过理性来证明自身的真实性。路德说：

> 我们的理解力确定并毫无疑虑地宣称三加七等于十；但不能提出任何理由说明为什么这是真的，为什么不能否认其为真；就是说，它规定自己；因为它被真理判断而不判断真理。……即使在哲学家中间也没有人规定那些判断其余一切的共同观念。同样，圣灵在我们心灵中间判断一切而不被任何人所判断。[2]

他认为，成熟的信仰者只能确信上帝已经宽恕了他，但不知道上帝为什么宽恕他，因为上帝的宽恕出自他的自由意志，人的理性不能探究

---

[1] 转引自 *The Cambridge History of Renaissance Philosophy*, ed. C. B. Schmitt, 1988, pp. 343, 356。

[2] Martin Luther, *Martin Luther Werke, Band 1,* Verlag, ss.128-129.

他的决定的公正性，否则就要堕入不信、不敬的罪。确定的获罪感是圣道的直接启示，人不需要任何中介领悟到的圣道使他获得童心。所谓童心指脱卸了亚当遗传下的沉重负担，对未来生活充满了信心的再生开端。

路德"因信称义"指拯救的恩典在于因信仰和启示而获得精神转变。但是，他并不否认精神的转变所带来的生活的改变。如果说信仰是生活的常青树，上面必然长着爱和智慧的果实。他在《两种义》(1520)中区别了"外在之义"和"我们的正当之义"。"外在之义"是从外面灌输给我们的恩典，不需要人的事功，而"我们的正当之义"是人的善功的有益结果。他说："第二种义是第一种义的果实和后果。"[1] 他又区别了被动的义和主动的义，前者是"外在之义"，即"只依靠基督和圣灵的义，这义我们不是遵行，而是容让；不是具有，而是接受；上帝借着基督耶稣白白地把这义赐给我们"；而主动之义则是认为只要自己积极主动做善功，就自动得到的正当之义，如果是这样，那么如同保罗所说，因信称义就不是上帝的恩典，而是自己应得的工钱。路德说，这样的义是自义，自义之人必然走向毁灭：先是不感恩，然后生命空虚，灵性盲目，最后反对上帝，崇拜偶像。[2] 路德认为外在之义带来的确定的获救感必然表现为获救的历史进程，必然表现为健康的生活方式和功绩，只要出自外在的或被动之义，任何手艺和职业都是天职，工作的有益结果都是正当的义。反之，追求自动的正当之义、墨守成规的祈祷、守斋、隐修等活动不是善功。据此，路德否认了除洗礼和圣餐之外，天主教会其他圣事的价值。

3. 伊拉斯谟的《新约》标准版为路德的《圣经》德文本和宗教改革提供了精神动力，故有"伊拉斯谟下蛋，路德孵鸡"之说。在一个短暂时期，路德和伊拉斯谟相互欣赏，但路德最终迈出了伊拉斯谟不愿跨出的一步——与罗马教廷决裂。伊拉斯谟代表人文主义者首先发难，于

---

[1] Martin Luther, *Basic Theological Writings*, ed. T. F. Lull, Fortress Press,1999, p. 158.
[2] 路德：《加拉太书注释》，道声出版社 1966 年版，第 261 页。

1524 年写出驳路德拯救观的文章《论自由意志》(*De libero arbitrio*)，路德立即写出《论被捆绑的意志》(*De servo arbitrio*) 作为回应，伊拉斯谟又写出《反路德被捆绑意志的奢望》(*Hyperaspistes Diatribae Adversus Servum Arbitrium Martini Lutheri*) 一文。这场争论涉及人性、道德基础等重大问题。

伊拉斯谟针对路德否认人有自由选择善恶的观点指出，人有双臂，一只行善，一只作恶，路德砍去了一只臂膀，未获恩典的人全是罪人，获得拯救的人全是义人，一切由上帝的自由意志决定，人却没有选择善恶的自由。伊拉斯谟说，既然人有分辨善恶的知识，为什么没有选择善恶的意志呢？他对"自由"的定义是："人类意志的一种力量，使人决定做趋向或背离拯救的任何事情。"他指出，对《圣经》中拯救说的解释有两种倾向：一是佩拉纠派以意志自由否认恩典的倾向，一是路德以恩典否认意志自由的倾向，罗马教会在两个极端中持中间立场，这是一个最可行的方案，虽然中间立场不一定是最完满的真理。他说："从这种中间立场可能会得到某种不完满的善，但人们不会完全信赖它。"就是说，"意志自由说"只是一种相对优越的解释。相比之下，路德的学说有明显的缺陷：如果人不能自由选择善恶，他为什么要为自己主动承担道德责任？上帝惩恶扬善还有什么公正性？人的拯救还有什么伦理价值？[1]

路德所反对的，正是伊拉斯谟不确定的中间立场。他说，避免对抗的中间观点属于人的智慧，确定的真理来自对福音书中绝对命令的恭谦的服从。用"意志自由说"来论证上帝惩恶扬善的公正性，无异于用三段式和语法来规定上帝应负的道德义务。他说："俗人的言行如超不出法律规则的合法定义和亚里士多德《伦理学》第五卷，不会认识到上帝的善和正义的价值。"路德否认人有任何违背和反对上帝的自由。他

---

[1] 转引自 *The Cambridge History of Renaissance Philosophy*, ed. C. B. Schmitt, 1988, pp. 662, 663。

指出，伟大的圣徒从来没有体验到除了服从上帝命令之外的另外一种情感，他们的意志被上帝的意志所驱，这里只有因果决定关系，但通过意志起作用的因果关系表现为自愿的趋向，而不是强制的必然性；因此，"自由"的反面不是必然性，而是别无选择、义无反顾的追求。路德对伊拉斯谟著作的评论是："虽然风格文雅，但我从来没见过一本论自由意志的书是如此微弱。"[1] 他们之间的分歧在更深的层次上表现为宗教改革家的信仰的确定性和人文主义者的理性怀疑精神的差别。

路德思想的主要来源是保罗"因信称义"的教义。保罗的"奴仆比喻"点明基督徒免于罪的奴役的自由。他说："作奴仆蒙召于主的，就是主所释放的人；作自由之人蒙召的，就是基督的奴仆。"（哥林多前书，7:22）作基督的奴仆是"我们在基督耶稣里的自由"（加拉太书，2:4）。保罗把免除罪的自由和为基督作奴仆的自由结合起来。他说："我虽是自由的，无人辖管，然而我甘心作了众人的仆人，为要多得人。"（哥林多前书，9:19）按照保罗的自由观，路德提出了这样一个命题：

> 一个基督徒是一切人的最自由的主人，不受任何人辖管；一个基督徒是一切人最忠顺的奴仆，受每一个人辖管。[2]

路德如同后期奥古斯丁，他否定了人在堕落状态中的意志自由，又肯定了人获得恩典时的真正的自由。路德对堕落的人性持完全否定的态度："人在肉体里和灵魂里全都有一个搅乱了的、败坏了的和受到毒害的本性，人类没有一点东西是好的。"[3] 人处在堕落的状态，完全被罪所奴役。人靠自身无力拯救自己，也不能指望通过宗教仪式和道德行为摆脱罪的奴役而获得拯救，只有依靠恩典才能获得摆脱了罪的奴役的自由，

---

[1] 转引自 *The Cambridge History of Renaissance Philosophy*, ed. C. B. Schmitt, 1988, p. 664。
[2] 周辅成编：《西方伦理学名著选辑》（上卷），商务印书馆1987年版，第439页。
[3] 同上书，第485页。

自由既然是恩典的赐予，因此是被动的，"即只能是接受，而不能是创作。因为它（自由）并不存在于我们的能力之中"[1]。自由是上帝赋予我们的，上帝已经规定了我们能否自由以及自由的限度，我们的意志只能是上帝意志的体现，并没有选择善恶的自由。路德说：

> 这就是那种基督徒的自由，也就是我们的信仰，它的功效，并不在于让我们偷闲安逸，或者过一种邪恶的生活，而是在于让人们都无需乎律法和"事功"而获得释罪和拯救。[2]

路德虽然否认事功对于获得拯救有所帮助，但却肯定获救的人必有事功。在他看来，恩典是最主要的。没有恩典，就没有自由，也没有真正意义上的事功；有了恩典，就有了自由，也有了事功。从恩典到自由，再到事功，这是一个因果关系系列，它们的关系不能颠倒。

做所有人的奴仆就是极其高尚的事功。路德的意思是说，一个获得了恩典的人只服从上帝，不服从任何人。服从上帝的命令就是爱，不但爱上帝，而且爱众人，为他人服务。人并非为自己活着：

> 他也是为尘世上一切人而活着；不仅如此，他活着，只是为了别人，并非为了他自己。因为正是为了这个目的，他才要压服他的肉体，以使它能够更为诚笃地、更自由地为他人服务。[3]

对于一个基督徒来说，"在他眼前除了他邻人的需要和利益之外，就不应该有别的什么了"[4]。人们之间应当相互友爱，彼此关心，分担彼此的负担。从这个意义上说，他是一切人最忠顺的奴仆。他这样做并非

---

[1] 周辅成编：《西方伦理学名著选辑》（上卷），商务印书馆1987年版，第482页。
[2] 同上书，第447页。
[3] 同上书，第465页。
[4] 同上书，第466页。

被迫的，而是自愿的，所以这是一种自由的服役，他是为爱而工作，为爱而活着的。基督徒在人间的使命就是为他人效劳，对他人有用，他为他人效劳并非为了回报，他从不计较得与失，也不计较是得到责备还是赞赏。他行善的目的并不是施恩于人，也不分敌人还是朋友，都一视同仁。所以他是自由的。他这样做只有一个理由，就是上帝也是这样做的。

4. 伊拉斯谟与路德在人有无自由选择的意志问题上的论战，其意义已不限于具体的神学观点，而涉及《圣经》解释的一些根本问题：《圣经》文字的意义是可疑的，还是确定无疑的？《圣经》的意义是否有待人的解释？是否遵从教会权威对《圣经》的解释？中世纪正统神学家对《圣经》解释与古希腊罗马哲学家的思想是否一致？在这些问题上，伊拉斯谟持正题，路德持反题。

伊拉斯谟认为《圣经》的文字是可疑的，需要通过解释才能明白《圣经》的启示。在《论自由意志》中，他引用早期教父安布罗斯、克里索斯托、哲罗姆、奥古斯丁和托马斯等神学家的权威解释来确定《圣经》中肯定人有自由选择的意思。在批评路德的《反马丁·路德被捆绑的意志》，他又大量引用亚里士多德、西塞罗、塞涅卡等古典作家的著作证明自由选择是人的善性，与上帝的恩典和拯救相符合。[1]

路德在《论被捆绑的意志》中直接诉诸《圣经》，而不旁征博引。他批评伊拉斯谟不相信《圣经》文字的自明性不是基督徒的做法。路德与伊拉斯谟之争不是信仰与学术的冲突，而出自对信仰与学术关系的不同立场，即对《圣经》信仰是否服从古典学术问题的不同回答。路德宣称，他并不比对手更缺少哲学和古典学知识：

> 他们是博士吗？我也是。他们是学者吗？我也是。他们是哲学家吗？我也是。他们是语文学者吗？我也是。他们是教师吗？我也

---

[1] E. G. Pupp & P. S. Watson, *Luther and Erasmus*, Westminster John Knox Press, 1969, pp. 12-15.

是。他们写书吗？我也写。……我能运用他们的辩证法和哲学，且比他们所有人都运用得好。此外我还知道他们无一人懂的亚里士多德。……我这样说并不过分，因为我从小就受教育，一直运用他们的知识。我知道它的深浅，他们能做的一切，我都能做。[1]

路德依靠《圣经》论证宗教改革的合法性和正当性，提出"唯有圣经"的口号。他的《圣经》解释以基督为中心，拒绝把圣道与载道的福音书分开，圣道的启示与阅读福音书是一个内外一致的过程。他认为《圣经》文字的意义清晰明白，因此《圣经》传播的圣道才有直指人心的启示力量。路德坚决反对经院学者的解经传统，只承认文字意义的真实性。他说："喻义、借喻或属灵意义在《圣经》中是没有价值的，除非同一真理在其他地方按照字面意义清楚说明，否则《圣经》就会成为一个笑柄。"[2]强调《圣经》文字意义，不只是为了强调语文学和语言学的重要性，更重要的是强调：《圣经》意义的清晰性使教育水准、语言能力不同的人有着同等的理解《圣经》和接受启示的机会。

路德改革的目标首先是要剥夺罗马教宗垄断《圣经》解释的特权。天主教会掌管《圣经》的精神特权一旦被取消，神职人员高于一般教徒的等级特权、教宗召集宗教会议的行政特权都将随之取消。这样，被路德称作保护罗马的三道护墙就被推翻了。

路德并不否认牧师宣讲《圣经》、教会规范信条的作用，但是，牧师的宣讲应该解释的只是文字意义，教会的规范应以教徒信仰的类似性为基础，教会不是挡拦在个人与上帝之间的障碍，而是支持个人与上帝直接交往的后盾。

5. 在政权和教权问题上，路德先后提出了两个"双重治理"的学说。1630年前，路德早期的"两个王国"思想继承了奥古斯丁的"双城

---

[1] 麦格拉思编：《基督教文学经典选读》（上册），北京大学出版社2004年版，第351页。
[2] 转引自阿利斯特·麦格拉思《宗教改革运动思潮》，中国社会科学出版社2009年版，第152页。

论"，但与奥古斯丁的上帝王国有所不同。路德认为，基督王国既然是无形的教会也是世间的教会，它与尘世王国完全分离对立，不可能外在为尘世王国。他说："基督徒知道尘世有两个王国，相互进行猛烈的斗争。其中一个是撒旦控制的，另一个是基督统治的王国。"[1]人类被分成两部分，基督徒属于基督王国，而非基督徒、异端、假基督徒属于撒旦为君主的尘世王国。基督王国是恩典和仁慈的王国，没有愤怒和刑罚，只有美好、爱心、服侍、善行、和平与友好；而尘世王国是愤怒的上帝对付恶人的仆人，它是地狱和永死的先兆，使用刀剑、刑罚、压制、审判定罪，除暴安良。两个王国实行两种治理：基督王国是基督的恩典治理，宽恕罪人，凭借圣灵使人成为虔诚的基督徒，属灵治理是肉眼不可见的，只能用信仰来感受；而尘世王国的治理用不平等的权力控制非基督徒和恶人，把他们分成自由人和被囚的、领主和臣民，用刀剑和法律维持秩序与和平。这两种治理彼此平行，不能混淆，基督徒不需要尘世治理，直至末日基督王国完全胜利，统治尘世。很明显，此时两个王国的双重治理论针对的是路德教会与罗马教会的对立，他把罗马教会和与之结盟的世俗政权划归尘世王国。

6. 1530年前后，路德的观点发生变化，起因是宗教改革内部分化：路德的支持者从反对天主教势力走向主张激进变革，并诉诸社会政治行动。路德隐居在瓦特堡期间，卡尔斯塔特等人主导改革运动，发生了攻击圣像、废除圣礼仪式、没收教产等群众骚乱。更严重的是，托马斯·闵采尔（Thomas Müntzer, 1489—1525）领导德国农民，把宗教改革转变为推翻封建领主统治的政治斗争。闵采尔宣称自己以"理性"态度理解《圣经》。闵采尔所说的理性是"通过经验向上帝学习"的"体验的信仰"。他和路德一样，认为罗马教会是横在上帝与人之间的障碍，号召建立"选民的联盟"。但闵采尔倡导用暴力革命铲除邪恶。他

---

[1] Martin Luther, *Martin Luther Werke*, Band 18, Verlag, s. 782.

在《布拉格宣言》中谴责说,"基督王国"(Christenheit)已经全然堕落。他在《对诸侯讲道》中宣称,暴力革命原则是耶稣的教诲:

> 基督说,我来并不带来和平,而是带来刀剑。但是你们要刀剑干什么呢?你们要做主的仆役,那么没有别的任务,就去驱除妨害福音的恶魔。基督十分严肃地命令:"把我那些仇敌拉来,在我面前杀了吧。"不要浅陋地认为主的力量可以不通过你们的刀剑就可做到。果真如此,你们的刀剑就要在鞘中生锈了。[1]

闵采尔在为上帝而战的名义下,积极宣扬和组织用暴力革命铲除邪恶,推翻封建制度,实行人人平等。

与此同时,乌利希·茨温利(Huldrych Zwingli, 1484—1531)建立了自己的神学,赢得了一批信徒。茨温利曾在维也纳、伯尔尼的大学接受人文主义教育,他曾自称是柏拉图和斯多亚派的信徒,后来受到伊拉斯谟影响,决心成为"基督哲学"的信徒。他比路德更富有理性,更擅长哲学论述,但他同样认为信仰是明晰简单的。他在1522年写道:"七八年以前,当我完全沉浸在《圣经》之中时,哲学和神学总在向我提出异议。最后我得到这样的想法:你必须离开所有这一切,只从上帝单纯的道中学习上帝的意义。"这样,他"赢得了自己渺小的理解从未达到的无误的理解"[2]。人的精神归向上帝的道就是灵魂的拯救。他说,上帝是真正的存在(Sein),是最高的善、理智的意志、灵魂的归宿。只有在上帝之中,灵魂才能找到真理、安宁和生命。灵魂的拯救与荣耀上帝是同一的。茨温利和路德同样认为《圣经》是圣道的唯一的、充足的源泉,《圣经》是对上帝意志的启示和记忆。每个人都要依靠内在的启示对《圣经》的意义作出自我解释。任何人为的东西,不管是教会、圣事,还

---

[1] G.H.Williams and A.M.Mergal ed., *Spiritual and Anabaptist Writers*, London: SCM Press, 1957, p. 65.
[2] *Zwingli Werke*, Band 1, Schuler, s. 79.

是记载《圣经》的文字，都不能充当个人与圣道之间的中介；因为任何中介都会把个人与上帝分开，不但降低了灵魂的追求，而且减少了上帝的荣耀。一个人所获得的内在启示给予他获救的确信。但是，这种确信如何与虚假的幻觉、一厢情愿的主观愿望区别开来呢？茨温利说，这取决于内在的道是否停驻在信仰者的心胸之中。内在的道是"内部导师"（internus doctor），具有再造内部存在的力量。它一旦开始工作，外在的文字、符号才显出意义，人于是在《圣经》中获得慰藉、信心和确认。获救是灵魂的体验，不在于理性思辨和语言表达。茨温利对启示的内外因素之分更加突出地强调信仰与拯救的个体性和内在性。他和路德就圣餐意义而展开的神学争论实际上牵涉对《圣经》文字意义的不同理解。路德强调文字与圣道的一致性，应按字面意思理解"这是我的身体"这句话；而茨温利则认为文字只是圣道的外在标记，应按象征意义理解那句话，圣餐的意义在于内在启示，而不在于基督身体的临在。

7. 宗教改革运动中激进主张和行动分裂了路德教会，也引起了支持路德的封建领主的不满。路德不得不承认基督徒也需要尘世治理。他说，两种治理都是上帝设立的，都是神圣的："上帝让尘世治理成为正当得救和他的天国的榜样"，它是"基督统治的一种表象、影像或象征"[1]。虽然两种治理的方式不同，但不是对立的，属灵治理方式被压缩到讲道，而尘世治理不再局限于刀剑统治，范围扩大到"金钱、财富、荣誉、土地、人群"，以及维持秩序和和平、婚姻和养育子女等。[2]两种治理相互依赖，但路德强调尘世治理的必要和重要，以及属灵治理更加依赖尘世治理。他说，由于世界是邪恶的，属灵治理不足以单独存在于世间，"一个人试图用福音管理国家或世界，就好像一个牧人把狼、狮子、鹰和羊关在一个圈里，让它们自由行走"[3]。同时，尘世治理也需要

---

[1] *Martin Luther Werke*, Band 30 II, Verlag, s. 554.

[2] *Martin Luther Werke*, Band 32, s. 307.

[3] *Martin Luther Werke*, Band 11, s. 252.

属灵治理的帮助，因为"即便世俗治理本身能强迫民众有外在的良好行为，也不能使心灵正直。在只有世俗治理运行的地方，只有伪善和外在服从，而不会从内心里产生对上帝的正确态度"[1]。

虽然路德原则上肯定属灵治理高于属世治理，但他把"中世纪教会与国家的二元结构"改变为国家政权的一元结构，从而为《奥格斯堡条约》"教从邦定"的原则奠定了神学基础。斯金纳说，路德"肯定使教会置于信神的君主控制之下"，

> 这意味着在整个中世纪王国与祭司职务的倡导者一直进行的可怕的神学论战突然宣告结束，认为教皇和皇帝具有平行的和绝对权力的概念消逝了，而祭司的独立管辖权应移交给世俗当局，如菲吉斯所说，路德消灭了"两把剑的暗喻，从今以后只有一把由一位拥有正确的智囊并信神的君主来挥舞的剑"。[2]

而马克思评价说："路德战胜了信神的奴役制，只是因为他用信仰的奴役制代替了它。他破除了对权威的信仰，却恢复了信仰的权威。"[3]就是说，路德宗国家的政治统治以"信仰的权威"为基础，依然是"信仰的奴役制"，只是把天主教统治改换为路德宗领主的统治。

8. 路德去世之后，他的生前助手和继承者菲利普·梅兰希顿（Philipp Melanchthon, 1497—1560）竭力弥合路德宗与古典哲学和人文主义的隔阂。他是维腾堡大学希腊语教授，对哲学与人文学科有深厚的学术造诣。他虽然一度跟随路德反对亚里士多德和一般意义上的哲学，但自16世纪30年代起开始认识到，基督教应表现为真正的哲学，古代的复兴学科（studia renascentia）是创立新哲学的重要途径，亚里士多德

---

[1] *Martin Luther Werke*, Band 30 II, s. 136.
[2] 昆廷·斯金纳：《近代政治思想的基础》（下卷），商务印书馆2002年版，第21页。
[3] 《马克思恩格斯文集》，第1卷，人民出版社2009年版，第12页。

的著作应得到尊重。

梅兰希顿对《伦理学》的评注赋予了路德关于信仰、内疚、自由权和先定的学说更多的伦理意义和理性色彩。他自1526年起开始着手建立新教的教育体系，编写和确定教科书。他倾向于把亚里士多德主义作为哲学的基础，开创了"新教亚里士多德主义"，与经院哲学的亚里士多德主义相抗衡。新教亚里士多德主义比经院哲学更紧密地与基督教教义相结合，在经院哲学家已经放弃理性论证之处重新用哲学为神学服务。比如，梅兰希顿在《论灵魂著述》中把灵魂对上帝的认识、灵魂不朽、肉身复活当作心理学事实接受下来。另一方面，他利用人文主义者的批判，对经院哲学的评注抱着不屑一顾的态度。他的心理学吸收了斐微斯《论灵魂和生命》一书的思想，建立了一个包括对人的身体、感觉、自由和感情进行生理学、认识论、伦理学和修辞学全面研究的人论。又如，他采用了奥康关于直观和抽象两种认识的区分，认为自原罪之后，人只能在经验条件之下认识，因此对个别事物的经验直观是知识的基础。同时，他也接受了"天赋观念说"，认为普遍经验和逻辑证明所能达到的确信来自神圣意志，知识是一个集合天赋的理智印象的活动。在此前提之下，他重新解释了动力理智和可能理智的意义。他说，动力理智是发明的力量，可能理智是接受的能力。虽然人类接受天赋观念的能力是平等的，但只有少数天才能够发明它们之间的关系，从而创立知识的体系。梅兰希顿的人文主义和亚里士多德主义思想不但深化了路德的信仰主义，而且用知识阶层和政治家更易于接受的方式传播了路德神学。[1]

---

[1] 参阅赵敦华《基督教哲学1500年》，人民出版社2005年版，第591—592页。

二、加尔文主义

1. 虽然路德声称他能更好地运用经院学者的辩证法和哲学，而且知道他们无一人能懂得亚里士多德，但在路德的著作中，人们很少看到他使用自己声称所拥有的古典学知识。在宗教改革领袖中真能在文本中显示古典学功底的当属加尔文。加尔文早年师从著名古典学者科迪埃（Mathurin Cordier）和人文主义法学家阿尔茨迪（Andreas Alciati），精通古典拉丁文和希腊文，他的第一本书是对塞涅卡《论慈爱》（*De Clementia*）的评注。《基督教要义》一书依据《圣经》对新教的信仰作了最为明白、严谨和系统的说明，但并未因此忽视古典知识，他还大量引用古代和中世纪经典作家来解释《圣经》。

加尔文把人类知识分为三类："第一类包括民政、家事和其他一切文艺与科学；第二类包括对上帝和他旨意的认识，以及在我们生活中与这认识相配合的规律"[1]；第三类"即那规范我们生活的规则，我们称之为义行的知识"。古典知识中的这三类真假混杂，只有用《圣经》才能找到人类知识的真理。[2]

（1）关于第一类理性知识、文学、技艺等，加尔文说："当我们看到真理之光在异教作家的著作中表现出来，就要知道，人心虽已堕落，不如最初之完全无缺，但仍然禀赋有上帝所赐优异的天才。如果我们相信，上帝的圣灵是真理的唯一源泉，那么，不论真理在何处表现，我们都不能拒绝或藐视它。……我们读古人的著作只有赞叹敬佩；我们要敬佩他们，因为我们不得不承认它们确是优美。我们岂不当认为，那受赞叹并被看作优美的都是出自上帝吗？……《圣经》上称为'属血气的人'

---

[1] 加尔文：《基督教要义》（上册），基督教文艺出版社1991年版，2.2.13，第178页。"2.2.13"是第2卷第2章第13节的缩略语，这些缩略语是各种版本《基督教要义》的标准页码，为方便读者查找对照，添加引述版本的页码。

[2] 同上书，2.2.22，第185页。

既在研究世间的事物上表现了这么多的天才,我们就应该知道,在人性最优之点被剥夺以后,主还是给它留下许多美好的品性。"加尔文以柏拉图为例说,虽然柏拉图把知识归于人的灵魂的回忆是错误的结论,但这可以证明:"人都禀赋有理性和知识。这虽然是普遍的幸福,然而每人都要把它看作上帝的特殊恩惠。"[1]但他最后说,由于"最聪明的人"对上帝之爱的认识"比鼹鼠还更盲目",因此"他们的著作虽然偶然含有稀少真理,但其所包含的虚伪更不知有多少"。[2]

(2)为什么异教徒崇拜"他们的神"而不知道上帝的爱和恩惠呢?加尔文用人类对神的认识即第二类知识开始讲起。《基督教要义》开宗明义地说,认识神是人类的自然的本能,"我们认为这一点是无可争辩的"。他赞成西塞罗在《论神性》中所说,"没有一个国家或民族,野蛮到不相信有一位神。即使在某方面与禽兽相去不远的人,总也多少保留着宗教意识"[3]。他引用柏拉图的"灵魂至善"说和普鲁塔克的宗教观,说明上帝在人心中撒下宗教的种子。但是,加尔文并不因此而赞扬人性的善良,他是要阐述保罗的那句话:"自从造天地以来,神的永能和神性是明明可知的,虽是眼不能见,但藉着所造之物就可以晓得,叫人无可推诿。"(罗马书,1:20)加尔文强调,人类堕落之后,充满着否认神的存在、亵渎神和崇拜假神偶像的罪恶。他说:"恶人一旦故意闭着自己的眼睛以后,上帝就叫他们心地昏暗,有眼而不能见,作为公义的报应。"[4]这就应了保罗的一句话:"他们既然故意不认识神,神就任凭他们存邪僻的心,行那些不合理的事。"(罗马书,1:28)加尔文列举柏拉图的"天球说"、斯多亚派编造的神的各种名称、"埃及人的神秘学"、伊壁鸠鲁派、罗马诗人卢克莱修、维吉尔蔑视神,以及古希腊吟唱诗人西蒙尼德斯的"未知的神"等事例。他说:"人类卑劣的忘恩

---

[1] 加尔文:《基督教要义》(上册),基督教文艺出版社1991年版,2.2.14-15,第178—180页。
[2] 同上书,2.2.18,第182页。
[3] 同上书,1.3.1,第9页。
[4] 同上书,1.4.2,第13页。

负义之心,就在这里表现出来了","他们亵渎神的真理可谓无所不用其极"。[1]

（3）第三类"义行的知识"相当于哲学家所说的"实践理性"或通常说的道德良心。保罗说:"没有律法的外邦人若顺着本性行律法上的事,他们虽然没有律法,自己就是自己的律法。这是显出律法的功用刻在他们心里,他们的良心（syndersis,和合本译作'是非之心'）同作见证,并且他们的思念互相较量,或以为是,或以为非。"（罗马书,2:15—16）加尔文通过对古希腊哲学家的良心观的剖析说明保罗给予的启示。

加尔文首先讨论柏拉图《普罗泰哥拉》中苏格拉底说的"无人有意作恶"的观点,他说,既然人有良心,但仍然犯罪,那么"一切罪行都由于无知的这句话,是不对的"[2]。其次,加尔文讨论了公元4世纪的亚里士多德注释者特米斯丢在《论灵魂注》中的一个观点:"在抽象的事或在事物的本质上,人的知识不容易受骗;但在进一步考虑具体的事上,它就容易犯错误。"比如,人都承认"不准杀人"是对的,但却认为谋杀仇人是对的;人都承认"不准奸淫"是对的,但自己犯了奸淫之事,却暗中得意。加尔文说,这种说法比较合理,但不适用所有情况,因为有些人犯罪"甚至不用道德的假面具,明知故犯,蓄意作恶"。他引用罗马诗人奥维德《变形记》中美狄亚的话"我明知并赞同那更好的道路,却走上那坏的道路"[3],以此证明"犯罪的意念"（sensus peccali）并非出自对普遍原则的无知。

最后,加尔文采用了亚里士多德关于"不自制"（akrasia）与"放纵"（akolasia）的区分。亚里士多德的问题是:"一个人何以判断正确,却又不自制呢?"[4]设"吃甜食不好"是正确判断,"吃甜食快乐"是感性

---

[1] 加尔文:《基督教要义》(上册),基督教文艺出版社1991年版,1.5.4-12,第18—27页。
[2] 同上书,2.2.22,第186页。
[3] 同上书,2.2.23,第187页。
[4] 亚里士多德:《尼各马可伦理学》,1145b25。

意见,"甜食就在眼前"是当下感觉,"要吃甜食"是欲望(pathos)。"不自制"是感性意见在当下感觉面前服从欲望,而不服从理性,但事后仍承认理性规则;而"放纵"则是感性意见代替正确判断成为行为规则,追求感觉的呈现和欲望的满足。亚里士多德说,正如不发怒就打人比盛怒之下打人更坏,"放纵比不自制更坏","放纵者从不后悔,坚持自己的选择,而不自制者则总是后悔的"。[1]加尔文虽说亚里士多德的区分"是很对的",但他实际上把亚里士多德的问题转化为"人何以有良心,却又犯罪呢",他用寥寥数语概括了亚里士多德在《尼各马可伦理学》第7卷中用10章篇幅进行的区别和讨论。按照加尔文的解释,"不节制"是"思想失去具体的认识"而犯罪,事后尚知忏悔,良心犹存;而"放纵"则是良心丧失,"反倒坚持选择恶行"。[2]

《基督教要义》中引用古代作家的地方还有很多,我们仅从上面几个例子就可以看出,加尔文的方法是把他们的观点与《圣经》相对照,把相符合之处归结为上帝启示的恩典,把不符合之处归结为人的罪恶,而把既符合又不尽符合之处归结为人对上帝启示的半信半疑或朦胧见解。加尔文和路德一样,主要援引《圣经》。他说:"《圣经》乃是圣灵的传习所,凡是于我们有益的,必须知道的,《圣经》都不遗漏;反之,于我们无益的,《圣经》必不教导。"[3]加尔文的论证,尤其得益于《福音书》和保罗书信,只有结合保罗神学,才能理解加尔文的新教纲领。

2. 与路德一样,加尔文坚持认为人不能自救自义,但他比路德更强调"原罪"。"原罪"说是使徒保罗根据《圣经》所阐发的一个教义。虽然《旧约》说亚当、夏娃的罪造成了人类生活必然遭受痛苦(死亡、劳累、生育之苦)的后果,但并没有肯定人性为恶。虽然耶和华不断谴责人的罪恶,但也没有肯定人的罪恶出自本性,或来自人类祖先的遗

---

[1] 亚里士多德:《尼各马可伦理学》,1150a30,1150b30。
[2] 加尔文:《基督教要义》(上册),基督教文艺出版社1991年版,2.2.23,第187页。
[3] 加尔文:《基督教要义》(中册),基督教文艺出版社1991年版,3:21:3,第348页。

传。甚至《新约》的《福音书》也没有这样的意义。保罗首先把亚当、夏娃的罪解释为"原罪",即通过遗传代代相传的罪;就是说,罪是人堕落以后的本性。保罗说:"罪是从一人入了世界,死又是从罪来的;于是死就临到众人,因为众人都犯了罪。"(罗马书,5:12)保罗把人类的自然死亡与罪联系在一起。他的逻辑是,既然亚当的罪的后果(有朽)遗传给人类,罪也同时遗传下来。如果人类没有像亚当那样犯罪,他们何以会像亚当那样死呢?因此他说:"亚当乃是那以后要来之人的预像。"(罗马书,5:14)保罗所说的通过遗传获得的原罪,主要指人类堕落之后,两种出自本性的罪恶。第一种是人类不认得上帝的堕落本性。人类的历史和个人成长的经历都表明,人类没有信仰崇拜一个至高无上的上帝的本性,相反,人只崇拜那些能够满足他的欲望的人和事,把他(它)们作为偶像来崇拜。保罗把这种罪叫作"与神为仇"(罗马书,8:7)。这是遍及全人类的罪。他说:"就如经上所记:'没有义人,连一个也没有;没有明白的,没有寻求神的;都是偏离正路,一同变为无用;没有行善的,连一个也没有。'"(罗马书,3:10—12)这里虽然使用了道德谴责,如"没有义人""没有行善的",但所指的还不是一般意义上的非道德的缺陷,而是指"没有寻求神的""偏离正路"这样的非宗教的缺陷。第二种原罪指道德意义上的邪恶,包括:"不义、邪恶、贪婪、恶毒;满心是嫉妒、凶杀、争竞、诡诈、毒恨;又是谗毁的、背后说人的、被神所憎恨的、侮慢人的、狂傲的、自夸的、捏造恶事的、违背父母的、无知的、背约的、无亲情的、不怜悯人的。"(罗马书,1:29—31)保罗认为,这些罪恶出自人的肉体,随着肉体的遗传而遗传。保罗说:"我是属乎肉体的,是已经卖给罪了。"他把这种罪叫作"顺从肉体而活着,必要死"。(罗马书,7:14, 8:13)我们要全面地理解保罗的意思,他并非谴责肉体的邪恶,而是谴责人不顺从神,却顺从肉体。确切地说,不顺从神和顺从肉体是同一种罪。"原来体贴肉体的,就是与神为仇";"他们既然故意不认识神,神就任凭他们存邪僻的心，行那些不合理的事"。（罗马书，8:7, 1:28）他的意思是，只是由于背离了神，肉体才堕落为罪恶之源。如果顺从神，肉体也被拯救了，身体成为"圣灵的殿"，"所以要在你们的身子上荣耀神"（哥林多前书，6:19, 20）。

加尔文敏锐地看到，"原罪"标志着基督教与其他人类宗教和古希腊罗马人性观的根本差异，他把基督教人性观这一核心称为基督教义的出发点。加尔文认为"原罪"之后人性彻底败坏，完全堕落。"彻底败坏"指"原罪是祖先传下来的我们本性的堕落与邪恶，它浸透入灵魂的一切部分"，"人是生而败坏的"。[1] "原罪是我们本性上一种遗传的邪恶与腐败，散布于心灵的各部分，使我们为神的愤怒所憎恶，而且在我们里面产生了《圣经》所说的'情欲的事'。"[2] 情欲只是罪恶的一种表现而已，而不是罪的根源。因此，人不能指望通过克服情欲而摆脱罪恶。

"完全堕落"指人的本性已经整个地堕落了，而不只是局部的堕落。加尔文认为："我们的本性不但缺乏一切的善，而且罪恶众多，滋生不息。……人的一切，如知识和意志，灵魂和肉体，都为情欲所玷污；或者简直可以说，人除情欲以外，别无所有。"在他看来，"腐化不是局部的，乃是没有一处是纯洁而不受致死的病毒所沾染"[3]，"而且腐到不可医治的程度，以致非有一个新天性不可"[4]。正因为人彻底败坏、完全堕落，人需要彻底革新自我。基督徒的目标就不只是改正灵魂中的低劣部分和人的感性部分了，而是一种整体的改善，使自己变成一个完全的新人。这是改革宗的目标所在。

3. 如何摆脱"原罪"呢？保罗的回答是，只有依靠上帝的恩典，人才能获救。这就是"因信称义"说。"因信称义"是基督教公认的一个核心教义，最近信义宗世界联盟和罗马天主教会共同发表的《关于因信称

---

[1] 加尔文：《基督教要义》（上册），基督教文艺出版社1991年版，2:1:10，第163页。
[2] 同上书，2:1:8，第160页。
[3] 同上书，2:1:8，第161—162页。
[4] 同上书，2:1:9，第162页。

义的联合声明》开宗明义地指出,"因信称义"具有核心的重要意义,是"第一和主要的信条",具有"统摄和判断基督教其他学说"的作用。

在改革宗看来,"因信称义"的实质是因恩典而称义。保罗说:"世人都犯了罪,亏缺了神的荣耀;如今却蒙神的恩典,因基督耶稣的救赎,就白白的称义。"(罗马书,3:23—24)"白白的称义"是上帝凭着恩典,而不凭人的行为判断人为义人。这个教义强调信徒对上帝的绝对依赖,有三方面的意义。

(1)强调基督徒的信仰因恩典而生,而不是顺从宗教的清规戒律。顺从律法是犹太教的一个特点。祭司们把摩西十诫繁衍为系统的、深入一切生活细节的繁缛礼节。耶稣反对用条分缕析的戒律约束信仰,但同时宣称不废除任何戒律。保罗把信基督和依戒律的冲突尖锐地提了出来:靠戒律得救,还是因信称义,是一个依靠自己,还是依靠恩典获救的问题。保罗指出人不能依靠律法得救。他的理由是,沉溺于罪之中的人无力遵守律法。他通过自身的体验,指出了一个人所共知的心理规律,这就是不能摆脱肉欲控制的意志力薄弱的规律。他说:"我是喜欢神的律,但我觉得肢体中另有个律和我心中的律交战,把我掳去,叫我服从那肢体中犯罪的律。我真是苦啊!"正是因为这个"肢体中犯罪的律",一切道德律都显得苍白无力。"我里头,就是我肉体之中,没有良善;因为立志为善由得我,只是行出来由不得我。故此,我所愿意的善,我反不作;我所不愿意的恶,我倒去作。"人只能依靠恩典获救,这就是靠着、凭着恩典的信仰,摆脱那凭自身不可避免的肉欲的控制。"谁能救我脱离这取死的身体呢?感谢神,靠我们的主耶稣基督就能脱离了。"(罗马书,7:23—25)

(2)"因信称义"所说的"信"是来自基督的恩典,信上帝的中心是信基督。加尔文说,被上帝称义的人接受的恩典就是相信耶稣是基督,耶稣基督之死是为人类赎罪,这就是保罗所说的"一切都是出自神,他借着基督使我们与他和好"(哥林多后书,5:18)的意思。就是说,只有信基督，才能认识神，已经断裂的人神关系才能恢复，才能从原罪中解脱，耶稣基督的复活建立了新的人神关系。加尔文说："那些认识基督的名，为基督所光照，进入教会怀抱中的人，就是在基督的导引保护之下。"[1]

（3）保罗告诫信徒不要为因信称义而骄傲。因为，"你们得救是本乎恩，也因着信；这并不是出于自己，乃是神所赐的；也不是出于行为，免得有人自夸。"（以弗所书，2:8）因为信仰不是人的自我发现，也不是主动寻求的结果；"称义"不是自义，不是对主观努力的报酬。

4. 加尔文在阐明"因信称义"教义的基础上，进一步提出了"重生"和"成圣"的学说。可以在与路德神学的比较中看待加尔文学说的新意。

（1）路德把个人获救的确信比作对知识第一原则的确信，加尔文倾向于茨温利的说法，认为信仰的确信比知识的确信更为基本，心胸（cerebri）和情感在信仰中发挥着比理智和知识更加重要的作用。信仰是知、情、意三者统一。理智领悟信仰对象，意志把理解了的信仰转变为情感的内在源泉和财富，人的理性所能达到的只是知识的确信，上帝却能赋予人信仰的确信，只有全身心地投入信仰对象，换而言之，只有在基督的支配之下，人才获得完全的恩典。

（2）路德区分了来自上帝的"外在""消极"的义与人自己正当的义，加尔文没有区别这两方面，更强调"因信称义"的积极结果和义人对恩典的主动回应。他把"因信称义"的信仰和"由义至圣"的生活看作同一过程，认为只有在圣洁生活中才能有因信称义的现实，"由义至圣"是基督徒开始新的生活，是从灵魂到肉体"整个的改造"。[2] 新生是模仿基督的生活，因为基督的生活是上帝给我们提供的一个启示，全身心都是完全圣洁的模范。

---

[1] 加尔文：《基督教要义》（中册），基督教文艺出版社1991年版，3:24:6，第389页。
[2] 加尔文：《基督教要义》（上册），基督教文艺出版社1991年版，2:3:1，第198页。

（3）路德所说的天职主要是信徒个人的职业和身份，加尔文所说圣洁生活不仅是个人的宗教道德生活，而且是政治、经济、科学等公共生活。并且个人生活和公共生活不是两个领域，而是以神圣价值改造世界和人自身的两条途径。弗兰西斯·培根说："人同时从无罪状态和创世状态堕落，但这种双重损失可以在现世中得到部分的恢复，前者通过宗教和信仰，后者通过技术和科学。"[1]培根虽然不是加尔文的信徒，但他表达的却是在加尔文的新教精神的鼓舞下出现的一种新的人生态度。这就是，一方面通过宗教信仰来净化道德，另一方面通过科学技术来创造新的世界，使人和科学都获得新生。

5. 保罗说，相信基督的人是"神所拣选的人"（罗马书，8:33），因信称义是神的恩典白白的赐予，但上帝不能无区别地宽恕全部人类的罪恶，恩典不是赐予每一个人的，有些人始终不信，并不是因为他们生性愚顽，而因为他们没有获得恩典。上帝的拣选有两方面的：被拣选的人因信称义，而被上帝所遗弃的人犹如陶工打碎没有做成的陶器。弃民无权抱怨上帝为什么没有拣选他们，正如动物无权抱怨上帝为什么给予人类更多，陶器没有权利抱怨工匠为什么没把它造得更好。

加尔文从保罗神学出发，得出彻底的、明确的选民与弃民双重预定论，这成为加尔文主义区别于其他新教神学的特殊教义。加尔文接着保罗作出推论说，既然拯救所要求的完全成义超出了人的能力所能达到的限度，人只有依赖上帝才能获救；既然自原罪之后，人类都被罪恶所污染，上帝的拯救是恕罪、赎罪的恩典；既然恩典的施行必须体现公正，公正不但要求慈爱，而且也要求严酷，因此拣选既是保留也是遗弃，拣选是双重的：只能拣选一部分获救的人，被弃置的其余的人仍在罪恶之中。加尔文说："上帝借着他的预定，拣选了一些人，叫他们有生命的盼望。对另一些人，则判定归入永远的死亡，关于这件事，凡属虔诚的

---

[1] 培根：《新工具》，商务印书馆1986年版，第291页。

人，都不敢完全否认。"[1]

人类被分为选民和弃民两部分，完全是上帝主动的意志，上帝的拣选不是人的心思和行动的结果，而是人命定的原因。人一出生甚至在出生之前就被预定了或者永生或者永死的命运，这是不可抗拒的。上帝的拣选完全出于自己的目的，人不可知。加尔文说，从上帝的眼光看，没有一人值得被拣选，连耶稣的完全人性也不例外。上帝拣选人，对人来说是仁慈，对上帝而言是为了达到自己的目的（罗马书，3:22，22:8），至于上帝拣选的目的是什么，人不可能知道，上帝也没有义务告诉人。上帝对选民的仁慈和对弃民的严酷的预定是不可改变的。既然上帝的意志是最高的公正，人类不能在上帝的意志之外寻求公正，上帝本身就是法律，上帝选择一部分人而舍弃另一部人的意志绝对自由，谈不上是违反公正与法律的独裁与专横。

6. 加尔文的预定说比奥古斯丁走得更远，比路德更激进，似乎不近情理，因此在加尔文身前和死后受到新教内外神学家的许多批评。但加尔文始终认为，预定说在神的智慧隐秘深处，不得隐瞒。基督徒要聆听上帝的话，否则就会否定圣灵，褫夺上帝对信徒的眷顾；反之，对神没有说的话，则应闭嘴，不得追究探索。但是，即使有保罗的话为依据，反"预定论"者也认为这些话不足为信，或非保罗所写，或是"非道德"的。[2]在《基督教要义》的体系中，预定说与原罪说和称义说是自洽的，是加尔文对基督教神学的特殊贡献。

（1）预定说回答了奥古斯丁神正论遗留的恶的来源的疑难。如前所述，奥古斯丁反对摩尼教善恶二元论，把善和公义的根源都归于上帝，人间的恶或归于人的自由选择（早期），或归于奴役人类之罪（后期）。大部分神学家才选择了路德指责为"半佩拉纠主义"的解释，笼统地把善归于上帝，把恶归于人。加尔文和其他神学家一样认为"无论人有何

---

[1] 加尔文：《基督教要义》（中册），基督教文艺出版社1991年版，3:21:5，第350页。
[2] 这些反对意见的文献目录参见 D. J. Moo, *The Epistle to the Romans*, Eerdmans, 1996, p. 590。

善,莫不出自上帝,然而你的一切恶都出于自己",但他补充说:"除罪以外,我们自己一无所有。"[1]根据他的原罪和恩典的教义,上帝之义和人的正义是两个判断善恶的标准:按照天国标准,一切出自人的都是罪与恶,一切出自神的都是善;而按照人间标准,有些神看来的恶是善,而有些神看来的善是恶。加尔文的预定说坚持天国的标准是最高和终极的标准,被归于人的善也不是善,"在不信神的人之中,一切表面上似乎可称赞的行为,其实都是不值得赞许的恶"[2]。

(2)按照《圣经》说法,原罪是撒旦诱惑所致,而撒旦又是受上帝指使的工具,如此说来,上帝是不是从原罪而来的人类之恶的总根源呢?是不是应负创世不完全的罪责呢?加尔文说:"《圣经》所教训我们关于魔鬼的事,其目的几乎都是要我们小心防备魔鬼的诡计,叫我们准备强固的武器,足以驱逐这些顽强的敌人。"[3]被人归于神的恶也不是恶:

> 既然上帝交付了基督,基督交付了身体,而犹大又交付了主,在这交付中,为什么上帝是公义的,而人是有罪的呢?因为他们的行为虽同,动机却不同。……上帝在审查中所追究的,不是人可能做了什么,也不是他们已经做了什么,乃是他们企图要做什么。为的是要察看人心中的计划和意志。[4]

就是说,面对人间的恶,要区分出自上帝的试探还是出自魔鬼的试探,出自上帝对选民的慈爱还是上帝将在天国惩罚弃民的预兆。加尔文以《约伯记》为例,解释上帝的试探、撒旦的试探和迦勒底人掠杀约伯家的恶之间的联系和区别:上帝让他的仆人约伯受撒旦的罪,撒旦指派他的仆人迦勒底人,但三者的目的和实施方式不同:上帝的目的是用灾

---

[1] 加尔文:《基督教要义》(上册),基督教文艺出版社1991年版,2:2:11,第175页。
[2] 同上书,2:3:4,第197页。
[3] 同上书,1.14.13,第96页。
[4] 同上书,1:18:4,第148页。

难磨炼约伯的信心的坚韧而让他尽量受苦受难，撒旦为使约伯摒弃上帝而怂恿迦勒底人犯罪，迦勒底人为一己私利为非作歹。[1] 以上帝预定的善恶为标准，同一件事归于上帝是善，而归于撒旦和人则是恶。这样，加尔文在逻辑上说明了上帝的全能、全善和全知与恶的来源之间没有矛盾。不过，虽然他可以用《圣经》记载的事例解释上帝预定之善，但无法解释正在和将要发生的人间罪恶中的上帝预定之善，因此只能说上帝的意志是人不可知的，只能诉诸信仰和希望接受它。一个人不知道自己是选民还是弃民，对于人悔过自新、称义成圣是必要的，因为一个基督徒可能放弃信仰或陷入异端，他的"自义"不过是弃民的心理；相反，一个不信基督的人在某一时刻也可能成为真心悔改的选民。一个人可以确信的是，在今生尽选民的义务，过圣洁的生活以荣耀上帝。

（3）预定说可以替代自由意志学说关于人的道德责任的解释。自由意志学说的优越性在于能够把人自由选择的行为归于道德责任，彰显神意和法律惩恶扬善的公正性。如果人的善恶不是自己选择的，而是上帝预定的，人何以要负道德责任，惩恶扬善显得既无必要也不可能。加尔文的回答是：

> 我虽然始终承认上帝是预定他们为罪人的主因，且相信这是完全正确的，然而他们不能因此而逃避自己的罪责，而这罪烙印在他们良心上，是他们所时刻感觉到的。[2]

这里的前提是，人的良心未泯，如同保罗说，外邦人"律法的功用刻在他们心里，他们是非之心同作见证，并且他们的思念互相较量，或以为是，或以为非"（罗马书，2:15）。加尔文同意良心审判和道德审判的公正性，而法律审判与预定论是两个课题。选民和弃民是天国中的审

---

[1] 加尔文：《基督教要义》（上册），基督教文艺出版社1991年版，2:4:2，第210页。
[2] 加尔文：《基督教要义》（中册），基督教文艺出版社1991年版，3:23:3，第377页。

判,是永生和永死的人的命运,上帝并没有预定弃民在人间必定作恶,也没有预定选民在人间不会触犯法律。按照"凯撒的物当归凯撒,神的物当归神"的《圣经》原则,人间祸福要与天国善恶区别开来。人间固然有善福相配的现象,但不是常规,被上帝惩罚的人可以名利双收,而得到上帝奖赏的人也可能飞灾横祸,这些现象可以用加尔文关于天国法庭和人间法庭的区别加以解释。与恶的来源问题一样,这些解释固然可以消除预定论与道德法律归责之间的逻辑矛盾,但人的道德常识是难以接受的,同样需要诉诸信仰加强信徒的道德勇气。

(4)预定说与称义说相自洽。预定说比任何学说都更强调人对上帝的依赖,更能显出上帝的恩典。如果说,上帝把恩典赐予那些依赖、服从他的人,那么,获得恩典的人还有理由为他们对上帝的依赖而感到骄傲。但上帝的预定却是没有理由、没有原因的"白白的赐予",这种无条件的恩典才是最为可贵、最值得感恩的恩典。但是,现实生活中的例证和《圣经》都证明人在信基督之后也会犯罪。保罗再三告诫信徒不要回到以前的犯罪状态,"不要再被奴仆的轭挟制"(加拉太书,5:1)。彼得说:"倘若他们因认识主救主耶稣基督,得以脱离世上的污秽,后来又在其中被缠住制伏,他们末后的景况就比先前更不好了。"(彼得后书,2:20)如果无视这些警告,以为信基督之后就不会犯罪,或以为基督徒的道德水准必定高于非基督徒,那就不是"因信称义",而是自以为义的骄傲了。

7. 加尔文把因信称义的心灵效应归结为信仰的确定和持久。他说:"信仰的恒性就是一种确实不变的知识。信仰不容有踌躇和变动的意见,也不容有含糊混杂的观念,它需要完全与确定,是经得起试验与证实的。"[1] 但他也不否认信徒内心不确定的主观状态:

---

[1] 加尔文:《基督教要义》(中册),基督教文艺出版社1991年版,3.2.15,第71页。

信徒虽然认识上帝对他们的恩典，然而内心不但时常感觉不安，而且有时还非常战栗恐惧。那搅扰他们内心的试探既非常强大，以致和我们所谈的信心保障似乎难得相容。所以，如果我们要支持我们所提出的教理，就必须解决这一个困难。[1]

面对这一难题，加尔文诉诸信仰的坚定：

我们告诫说，信心应当坚定实在，我们所想要的并不是毫无疑虑的确实，或毫无困扰的安全；我们却要承认，信徒的内心不住地与自己的疑虑冲突，他们的良心绝非平稳宁静，不受风暴所侵袭。然而在另一方面，他们虽有苦难，我却不承认他们会失去对神的仁慈的信任。[2]

从逻辑上说，加尔文的解释是一个循环论证，而且，"他们不会失去对神的仁慈的信任"的前提和结论，并不能解决信徒在实际生活中信仰动摇或迷失的困难。

加尔文并没有从理论和实际上解决为什么"因信称义"的恩典足以保证信徒不再犯罪的问题，这在认为信基督是"因信称义"的恩典的改革宗内部，引起了"因信称义"是不是完全恩典的神学争论。亚米纽主义认为，"因信称义"是两次拣选的恩典，信基督只是第一次拣选，而信徒通过自身努力的积极回应，成为称义的选民，这是第二次拣选。加尔文主义则认为"两次拣选说"走向调和恩典和善功的"半佩拉纠主义"，他们坚持"因信称义"是一次性的完全恩典，但也承认因信称义的人不等于完全的义人，也有再犯罪的可能，因此需要因信成圣的新生。不过，"新生"和"第二次拣选"只是词语表述的不同，并没有实质

---

[1] 加尔文：《基督教要义》（中册），基督教文艺出版社1991年版，3.2.17，第73页。
[2] 同上。

的区别,加尔文主义因预定论而分裂为众多变种,更多是社会历史环境造成的。[1]

8. 预定说在《圣经》解释中面临与上述称义是否为完全的恩典同样的困难。《旧约》中上帝拣选以色列人,虽然以色列人一再悖逆,也没有被上帝完全遗弃;而保罗说:"从以色列生的,不都是以色列人……肉身所生的儿女不是神的儿女;唯独那应许的儿女才算是后裔。"(罗马书,9:6—8)"神所召的,不但是从犹太人中,也是从外邦人中。"(罗马书,9:24)如果因为上帝的拣选对象不同,就用《新约》的保罗书信贬低《旧约》,那就是基督徒经常犯的马谢安异端的错误。

加尔文区别了对以色列民族的拣选与对个人的拣选,两者都是上帝白白的恩典,与人的行为无关;但对一个民族的集体拣选,不是普遍和永久有效的,上帝与他们立约,只是外在的召唤,并没有给所有人保守恩典的重生的灵,因此许多以色列人与立约无关。加尔文说:"许多后裔被当作败坏分子给剪除了","只有一小部分的人存留着","对亚伯拉罕后裔的普遍拣选乃是更大福分的一种表现,而这个福分,神只赐予众人中的少数人"。[2] 亚伯拉罕后裔既有以色列人中的"剩余之民",也有新近被拣选的外邦人,他们中的每一个因基督而生信心,而得重生,这些被拣选的个人组成基督的肢体,享有永生的福分。加尔文神学是盟约神学,"新约"和"旧约"是上帝连续地拣选以及与选民立约的历史,上帝与以色列人的祖先摩西和大卫立约,最终实现在基督身上,并向基督再次降临的未来伸展。

加尔文区别了命运和神意。他说:"所谓神意,不是指上帝高踞天上,清闲自在地注视着下面人间所发生的故事,乃是说上帝掌握了宇宙的枢纽,统治一切。所以他以手统治,不下于以眼观看。"亚伯拉罕对他的儿子说:"上帝必须自己预备。"(创世记,22:8)亚伯拉罕不只是

---

[1] 程新宇:《加尔文人学思想研究》,中国社会科学出版社2012年版,第195—196页。
[2] 加尔文:《基督教要义》(中册),基督教文艺出版社1991年版,3:21:7,第355—356页。

说上帝预知未来的事,而且把他自己所不知道的事都付托于那位常常排除困惑和纷乱的上帝。这即是说,"天命与行动不能分离;因为空谈预知是没有什么价值的,而且近于胡闹。"[1] 预定和神意都是上帝的决定,预定决定的是人的"可怕的命运"(horribile fateor),是人不能知道的奥秘,直到末世才能揭开;而上帝的神意在拣选和盟约中控制社会的行动,在《圣经》历史和长时期、大幅度的人类经验领域中显露出来。神意决定了选民和弃民在历史中看似偶然、实际被上帝控制的不同作用:选民积极、主动地实现上帝的应许和祝福,用圣洁生活开创人类历史;而弃民只是消极的社会机体,不自觉地承受神意,充当命运的牺牲品。

9. 和路德一样,加尔文也使用了"基督徒的自由"这一概念,但比路德更强调"自由"与"律法"的联系。两者的关系有三层含义:第一,基督徒的良心已经完全超越了律法,他不是被迫不行不义之事,而是自觉不行不义之事;第二,自愿地顺从上帝的意愿,他之服从上帝,并不是由于律法的恐吓,而是由于自觉;第三,上帝的意愿表现为自然法,基督徒怀着对上帝的服从,自觉地遵守自然法在各国的具体应用,受政治的管制,在社会关系中遵守人的本分。[2]

加尔文谈到自然法的双重用途:一是按照保罗神学,人性虽然全然败坏,但良心未泯,自然法让人在上帝面前"无可推诿";二是积极的作用,加尔文在《基督教要义》和讲道中,把人类承认的道德真理追溯到自然法和良心的发现,这些道德真理是人类社会共同遵守的共识和规范。霍普伏说,在加尔文著作中,"自然""自然感""理性"的教诲包括:"父亲对妻子和子女的权威,一夫一妻制的圣洁,照顾家庭的义务,哺乳,长子继承权,领事和使节不可侵犯,信守承诺的义务,不同程度的婚姻状况,谋杀案件需要证人,社会层级的区分,自然法禁止乱伦、

---

[1] 加尔文:《基督教要义》(中册),基督教文艺出版社1991年版,1.16.4,第120页。
[2] 同上书,3:19,第257—272页。

谋杀、通奸，奴隶制甚至奴役一个人。"[1]

10. 自然法的双重作用需要在加尔文的"两个王国"和"双重治理"的框架中加以理解。与路德一样，加尔文的"两个王国"也强调两者分别统辖天上和地上、未来和现世事务，也认为世俗君主的强力和惩罚是上帝治理罪人的必要工具，刀剑只属于世俗君主，他也和路德一样，声讨"重洗派和一班无赖"滥用教士权力反叛君主。[2]

但是，加尔文不像路德那样，强调"两个王国"的分离或平行，而"有充分理由将两者联系起来，而且我非这样做不可；尤其因为在一方面，愚妄野蛮的人们狂妄地企图颠覆神所设立的这种制度；在另一方面，逢迎君主的人推崇君权过度，甚至不惜以之与神的权柄对立。这两方面的错误都必须予以拒绝，否则就不免要将纯正的信仰废掉了"[3]。如果说路德避免了前一种错误，那么加尔文所要避免的第二种错误，恰恰是扩大地上王国的权力，赋予国家政府干涉和控制教会的权力，即路德宗"教从邦定"的原则。

加尔文为"两个王国"的联系提供了教理基础。他认为"两个王国"是基督为王的两个方面，两者治理的合法性来自基督的权威，它们都要服从上帝的意志。基督徒之所以服从地上王国，不是为了逃避人间法律和刀剑的惩罚，更不是为了世间的快乐。基督徒作为一个现实的人，为了摈弃现世而忍受人间可怕的痛苦，心甘情愿地做地上的朝圣者而满怀对天上王国的信心。作为国家公民，基督徒要遵守双重法律：一是服从属灵的法律，由灵来管制，以造就人的良心；一是服从属世界的法律，上帝以不同的政体治理不同国家，"我们的本分只是服从上帝在我们所居之地内所设立的治理者"[4]。

11. 既然上帝是"两个王国"的最高权威，不仅平民有服从法律的

---

[1] Harro Hopfl, *The Christian Polity of John Calvin*, Cambridge University Press, 1982. pp. 179-180.
[2] 加尔文:《基督教要义》（上册），基督教文艺出版社 1991 年版，前言，第 9 页。
[3] 加尔文:《基督教要义》（下册），基督教文艺出版社 1991 年版，4.20.1，第 241 页。
[4] 同上书，4.20.8，第 249 页。

义务，君主也有服从上帝的义务。无论是不是基督徒，他们都有义务把宗教事务放在首要地位，"专忱注意于宗教，使宗教纯洁安全"，因为"宗教在一切哲人的言论中占第一个位置，而且这是为万国所普遍承认的"。基督徒君主更要"尽力表彰并维护神的尊荣，因为他们乃是神的代理人，而且靠着神的恩掌权"[1]。加尔文在1536年版《基督教要义》致法国国王法兰西斯的献词中说：

> 你身为国王，对于卫护正道的任务，责无旁贷，不能置若罔闻。卫道的工作极为重要，是要叫上帝在世上的光荣不受贬损，要保全真理的荣誉，并使基督的国在我们当中继续存在，不受摧残。此一义举，值得你注意，值得你认识，也值得你以王位力争。这种关注乃王权分内的事；你应当把国政看作为上帝服役。若政府不是以上帝的光荣为目的，就不算是合法的政府或主权，只能称为篡夺。[2]

这段话在当时表达了新教徒以上帝权威反抗天主教国王的权利。但是，加尔文不限于改革宗推翻天主教神权和政权统治的合法性，他也讨论了人民因世间权利被践踏的情况，主张受压迫人民有反抗暴君的神圣权利。他说：

> 差不多历代都有一些君王，完全不理政事，不顾一切，纵情恣欲；另有一些君王，自私自利，出卖法律、特权和判决；又有些君王，掠夺平民的产业，以供自己穷奢极欲；还有些君王，暴戾纵恣，抢劫民房，淫人妻女，屠杀婴儿。许多人不承认这种人是配得服从的君王。因为在这种不但与长上的职位完全不符，而且与任何人也不相称的反常的行动中，他们既然看不见那理当由官吏所彰显

---

[1] 加尔文:《基督教要义》(下册)，基督教文艺出版社1991年版，4.20.9，第249页。
[2] 加尔文:《基督教要义》(上册)，基督教文艺出版社1991年版，题献，第3页。

的上帝的形象，也看不见那作神的差役的证据……所以他们并不认为这种官长有《圣经》所称赞的尊严和权威。人心自然是深恶痛恨暴君，敬爱贤君。[1]

12. 加尔文虽然认为上帝是最高权威，但避免把《圣经》中的律法与自然法和普通法对立起来，他不同意把治理国家的法律与摩西律法对立起来，批评那种以为"只按普通法治理国家就是疏远了摩西律法"的意见是"危险和煽乱性"。为了把《圣经》中律法与世俗国家法律结合起来，加尔文先从《圣经》中总结出神圣律法的标准，再按此标准规定世俗统治的合法性和自然法的合理性，又反过来把《圣经》中的律法当作自然法的具体应用。

（1）加尔文认为《圣经》记载的上帝命令和君主依照神的旨意行事的那些事迹，大多属于"地上王国"的治理。他分析了中世纪传统关于摩西律法的道德律、礼仪律和裁判律的三分法。他指出道德律有两个要求："一是命令我们用纯洁的信心和虔诚崇拜神，一是盼咐我们用至诚的爱对待别人"，而礼仪律是为训导犹太人而设立的，可以废止而无损于道德律。加尔文的解释依据的是耶稣的话："你要尽心、尽性、尽意，爱主你的神。这是诫命中的第一，且是最大的。其次也相仿，就是要爱人如己。这两条诫命是律法和先知一切道理的总纲。"（马太福音，22:37—40）关于裁判律，加尔文说，那是给人"作为政治上的宪法，为的是要教导他们一些公道和正义的规则，好使他们和平无害，彼此相处"[2]。

（2）加尔文阐明，摩西律法示范的道德律和政治上的宪法不只是给予犹太人或基督教王国，而对世间所有王国普遍有效。他认为，各国都有自由制定适合本身的法律，只要它们是按照爱的永恒律所制定的。虽

---

[1] 加尔文：《基督教要义》（下册），基督教文艺出版社1991年版，4.20.24，第264页。
[2] 同上书，4.20.15，第256—257页。

然各国法律形式不同,但都是"为求保存神的永恒律所命令的爱"而制定的。事实上,古往今来的法律中都不乏仁慈、宽大、赦免等条文,至于与之相反的条文在加尔文看来完全不合法:"那些奖励行窃和纳妾,以及其他更恶劣、更可咒诅、更悖谬的野蛮法律,我以为它们远非法律;因为它们不只是违反正义,更是违背人道。"[1]

(3)裁判律示范的宪法是判断形式不同的各种法律是否合法的根据或公道。加尔文说:

> 公道既本于自然,乃对全人类是一样的,因此关于任何事件的法律,都当以同样的公道为目的。个别的法案和规律既然与情况有关,又多少以情况为转移,就可以随情况而不同,只要它们都是以公道为目的。既然上帝的律法中那称为道德律的,无非是自然律和神在人心中所铭刻的良心,那么,我们所说的整个公道律,就都包含在其中了。所以,惟有这公道才应当作为一切法律的范围、规律和目的。凡是按照这个规律,循着这个目标,限于这个目的所立的法律,我们就没有理由来非难,不管它们是和犹太人的律法怎样不同,或彼此不同。[2]

这段话中,加尔文把道德律等同为"自然律和神在人心中所铭刻的良心",自然律既是爱的永恒律,也是"本于自然、对全人类是一样的"的"公道律"。加尔文说公道律"包含"在道德律之中,应理解为殊相包含在共相之中。这是因为,世俗统治者尤其是非基督徒,只是按照良心制定不同形式的仁慈法律,有意或无意遵从上帝命令的爱的永恒律,在此意义上,道德律只是自然法的特例;而公道则是判断法律是否合法的宪法,任何法律规定和条文只有符合宪法才有合法性,现代的宪

---

[1] 加尔文:《基督教要义》(下册),基督教文艺出版社1991年版,4.20.15,第256—257页。
[2] 同上书,4.20.16,第257页。

法是成文法，在加尔文时代，他把不成文的宪法称作公道律。

13. 正如阿奎那把不成文的自然法作为成文法的根据，加尔文也把公道律作为世间一切法律的根据；如同阿奎那认为自然法来自上帝的爱和意愿，加尔文也认为公道即"对凡为神的永恒律法所定为罪的恶行，诸如杀人、盗窃、奸淫、妄证等，都赞同予以处罚"。所谓合法，归根到底是符合自然法，无论制定者是否认识基督之名，世间的法律只要合乎自然法的公道，基督徒就要服从。

加尔文承认，符合公道的惩罚方式因地而异，因时而异，因国而异，不能也无必要强求一律。摩西律法中的惩罚方式和严厉程度，与当时和现在各国不同，不可能效仿。摩西律法只是上帝的爱和公道在特殊时期和特殊条件下的显示，只是自然法的特殊应用，而不等同于自然法。按照加尔文的"双重治理"思想，基督徒服从合法的世俗统治和法律，既符合上帝的意愿，也不违背《圣经》的启示。同时，他按照《圣经》确立的自然法的道德和公道的合法性标准，蕴含着反抗和推翻非法统治和法律的精神力量。

三、新教末世论的历史观

1. 文艺复兴时期人文学科中出现了历史学这门新学科，法国政治哲学家包迪（Jean Bodin, 1530—1596）第一个提出了"历史哲学"（Philosophistoricus）的概念。他区分了三种不同意义的历史：第一种是过去的记载，这是"真实的传说"；第二种是史料的选择、分类和判别，相当于历史学；第三种是对人类活动的概括。他把人类活动概括为生存、舒适和文明这样三个由低级到高级发展的阶段。历史发展遵循普遍规律。他说："最好的普遍规律存在历史之中。"用来概括人类活动的历史范畴分为自然律、人类律、神圣律和民族律四类。这些范畴赋予历史最高的普遍性，使之成为"最高的科学"，"结合叙事与智慧的训诲"。[1] 新兴的历史哲学起着人类知识的统一原则和方法论的作用，17世纪维柯的《新科学》继承了文艺复兴历史哲学的传统。

如果说文艺复兴时期的历史哲学表现了过渡时期神圣和世俗价值相混合的特点，宗教改革时期的神学历史观则截然不同。正如弗兰西斯·培根说，宗教改革复兴的古代学术为了"反对罗马的主教及其教会堕落的传统，势必唤起古代，把过去当作反对当下的救助者，因此，长期在图书馆里沉睡的古代作者，无论神性还是人性的，开始普遍地被阅读和深究"[2]。宗教改革者借助的古代作者，首先是《圣经》和奥古斯丁。

奥古斯丁的神学历史观区分了"圣史"与"俗史"。俗史是古代史学家记载的历史事件，圣史是上帝启示于人的事件，《圣经》就是一部圣史的记录。《圣经》记载的历史可分为六个阶段，与创世六天相对应。圣史开始于创世第六天人被选出来之后，《旧约》描述的以色列人的历史构成了圣史的前五个阶段，《新约》记载的耶稣活动史是圣史的最后一个阶段，圣史终结于耶稣献身，为人类赎罪。俗史发生的时间与圣史的时间平行，并且在圣史结束之后，俗史仍然在继续，直到末日才结束。奥古斯丁提出圣史终结的论点主要出自反对锡利亚派（Chiliasm）的实际考虑。该派按照字面意义理解《彼得后书》里"主看一日如千年，千年如一日"（3:8）以及《启示录》所说基督在一千年之后第二次降临这些话，推断创世六天代表人类已有六千年历史，其后再过一千年将是世界末日。奥古斯丁以圣史和俗史的区分取代了对《圣经》历史观的文字解释。圣史结束于耶稣之死的观点意味着圣史之外以及之后的历史在天启之外，世界末日是不可预测的。奥古斯丁的神学历史观表明当时教会已经摆脱了早期基督教盼望最后审判的急切心态，积极地投身于世俗社会历史进程。

---

[1] 转引自 *The Cambridge History of Renaissance Philosophy*, ed. C. B. Schmitt, 1988, p. 758。

[2] Fancis Bacon, *The Advancement of Learning*, ed. A. Johnson, Oxford, 1974, p. 25.

2. 宗教改革与奥古斯丁时代不同，他们淡化或取消了圣史和俗史的区分。如前所述，加尔文把《圣经》记载的事件和预言看作上帝在地上王国的作为和神意，路德按照字面意义解释《圣经》。路德从《但以理书》和保罗书信中读出的信息是教皇是敌基督，从《启示录》读出了圣约翰预言的基督与敌基督的决战正是发生在当下的宗教改革。[1]

1532年出版的《卡里翁编年史》（Carion's Chronicles）是德国宗教改革时期广泛流行的新教历史神学著作。作者约翰·卡里翁（Johann Carion, 1499—1537）把《旧约》中先知预言和历史事件交织在一起。《但以理书》先知梦中四兽的异象，代表巴比伦、波斯、希腊和罗马四大帝国的兴起和灭亡，第四兽尤其凶恶，头有十角（7:7），象征罗马帝国十个敌基督的皇帝（启示录，17:7），《启示录》预言了罗马帝国的灭亡。根据先知和使徒的预言，《卡里翁编年史》把历史划分为巴比伦、亚述、波斯和罗马四个王国时期，卡里翁没有采纳奥古斯丁的圣史终结于基督赎罪的结论，他划分的罗马时期从罗马帝国绵延到神圣罗马帝国。当时反宗教改革的罗马教会和天主教国家作为神圣罗马帝国的继承者，处于历史的末日，《启示录》预言的敌基督的最后灭亡必将降临在他们身上。由于这个历史末世论鼓舞信众的巨大影响，梅兰希顿重新改写了《卡里翁编年史》，他深信"历史构成了神圣命定事件和模式的连续性"[2]。

3. 亨利八世依靠王权和立法与罗马教廷划清界限，自认为国教元首。安立甘教在教会制度和礼仪等方面没有改革措施，开始也没有明确的教义和新教神学，只是在与天主教和不服从国教的清教的长期搏斗和博弈中，安立甘宗吸收加尔文宗和路德宗等教派的新教神学，确立了自己的教义。英国的宗教改革反反复复，艰难复杂，但能够广泛凝聚起新教各界势力的精神力量，莫过于英译本《圣经》以及在翻译和传播这部

---

[1] *Works of Martin Luther*, VI, Fortress Press, 1866, pp.480-489.
[2] 转引自 Dickens, *The German Reformation and Martin Luther*, p. 205。

《圣经》时形成的末世历史观。

约翰·贝尔（John Bale, 1495—1563）的《双教会的形象》于1547年出版。他说，该书的基石是"福音主义者或末世论者圣约翰的最美妙的天国启示"，《启示录》不只是有待实现的预言，而且是基督之后的真实历史，它完全清洗了所有在基督升天之后写的编年史和最高贵的历史书，揭开了这些书的时代、时期和年代真实的本性。它"不是编年史的文本，而是编年史文本之光"[1]。贝尔认为，《启示录》中的人和事以及发生顺序与基督教会史有着严格的对应关系。他把奥古斯丁"天上之城"与"地上之城"转化为基督教会与敌基督教会的并立和斗争，全部基督教会史就是真和假这两个教会的历史，英国新教与罗马教会的斗争就是这个历史的延续。

按照正史的记载，英国教会是公元596年教宗大格里高利派遣坎特伯雷的奥古斯丁建立的。这个记载抹杀了英国教会在基督教会史上的正统地位。贝尔采用12世纪的传说，肯定英国教会的创建者是埋葬耶稣的约瑟（路加福音，23:53），正史记载的最早来到英国的那些僧侣和意大利人，实际上是与约瑟同时的传福音者，而7世纪使徒彼得建立的教会才派人到英国来建立隶属于罗马的教会，双教会并立。随着使徒传统的败坏，罗马教会的堕落，教皇成为敌基督，而英国教会继承基督教会的历史，与敌基督的罗马教会彻底决裂。贝尔对教会史的新教诠释为英国国教的正统性作了历史神学的辩护。

贝尔相信所有这一切历史被《启示录》所说的"七个印"所封存，随着"七印"逐个被揭开，真相大白于天下。每个印被揭开时，都有天使在呼叫，伴随着可怕的灾害。贝尔把揭开"七印"对应于世界历史的七个时代，直到第七印天使吹响第七号："世上的国成了我主和主基督的国；他要作王，直到永永远远。"（11:15）贝尔认为当下英国教会与罗

---

[1] John Bale, *Select Works of John Bale*, ed. H. Christmas, Parker Society, 1849, p. 253.

马教会之间的搏斗处于胶着时期,于第六印到第七印之间,他每天为英王爱德华六世这个"上帝最可贵的管理人"祷告,愿他"痛击兽类",爱德华1547年登上王位之后,贝尔愿他"摒弃英国国教内的所有迷信",以安慰他的人民。[1]

4. 然而,好景不长,爱德华六世之后,苏格兰女王玛丽上台,恢复罗马教会统治,血腥镇压安立甘宗、加尔文宗的反抗,甚至禁止阅读和发行加尔文宗主导翻译和发行的《圣经》英译本,违抗者被送上火刑架。"血腥玛丽"被推翻后,伊丽莎白一世继位,恢复安立甘宗国教地位,同时与加尔文宗结盟。约翰·福克斯(John Foxe, 1516—1587)写了《行传和碑碣》为在玛丽统治下殉道的三人树碑立传。这本书在基督教历史的长卷中评价殉道者的贡献,把约翰·贝尔展开的图画发展为一部"有关联的教会史",以"完全关联"的方式按照年代把形形色色的时期分成五个阶段,从而把教会史变成了编年史。第一是教会创建阶段,从使徒时期到君士坦丁大帝;第二是教会发展阶段,到公元600年;第三阶段是教会的衰落和迷失阶段,直到君士坦丁大帝一千年之后撒旦被释放;第四阶段是撒旦被释放后教会荒芜和摇摆的四百年;第五阶段是敌基督对基督教会的残暴统治和随之而来的宗教改革,这是基督教会与敌基督教会最后的末日之战。[2]

福克斯把英国的宗教改革放在最后阶段。14世纪英国威克里夫(John Wycliffe, 1330—1384)改革的失败,标志着敌基督统治和宗教改革的开始:一方面"整个世界充满、弥散着错误和黑暗",另一方面上帝的神意激发和兴起威克里夫,并"通过他唤起和兴起对世界的反抗"[3]。福克斯把宗教改革从1501年的德国到1570年伊丽莎白登基比作"巴比伦之囚"的七十年,宗教改革在英国的发展和殉道者的献身显示

---

[1] John Bale, *Select Works of John Bale*, ed. H. Christmas, Parker Society, 1849, p. 640.

[2] John Fox, *Acts and Monuments*, I., pp. 4-9.

[3] John Fox, *Acts and Monuments*, II pp. 793,796; III, p. 580.

"上帝再次探视英国教会，这次探视比过去更长久、更慈爱，他将矫正许多滥用，清除教会里许多不虔诚和迷信，使之成为荣耀的教会"[1]。福克斯把希望寄予伊丽莎白，称她是"良善、虔诚和贤德的女王"[2]。

5. 如果如福克斯所说，伊丽莎白登基是"巴比伦之囚"的结束，那么末世的胜利还有很长的道路。清教徒托马斯·布莱曼（Thomas Brightman, 1562—1607）不希望过多依赖英国君主，他的《末日的人和事，或启示录的启示》一书于1609年发表，该书借助《启示录》中使徒约翰致以弗所、士每拿、别迦摩、推雅推喇、撒狄、非拉铁非和老底嘉七个教会的信，表明教会首脑也会阻碍神圣规则。他说："这七封信关切的不是七个城市当时的状况，而是此后长时间的七个时代。"[3]

与以弗所教会相对应的是从使徒到君士坦丁大帝时代，第一封信说，以弗所"不能容忍恶人"（2:2），但走向另一个极端，连一般罪人也不容忍。所以耶稣责备说："你把起初的爱心离弃了。"（2:4）"最初的爱心"指他们在基督爱心感召下皈依。耶稣提醒他们："应当回想你是从哪里坠落的，并要悔改。"（2:5）这是指出他们失去爱心的根源：忘记他们也是罪人，以为进入教会后就不需悔改，自以为义，责人之罪而不知己之罪。布莱曼把这些解释为教会取得合法地位后开始迷误。与士每拿教会相对应的是基督教成为罗马帝国国教的阶段，到公元384年左右。第二封信中的祝福："你将要受的苦你不用怕"，"你务要至死忠心，我就赐给你那生命的冠冕"（2:10）。布莱曼将之解释为对基督教会的祝福。[4]

但是，布莱曼认为罗马教会辜负了上帝意愿，从380年到1300年的教会是第三封信借用巴兰引诱以色列人与外族女人行淫的典故，谴责别迦摩教会，"有人服从了巴兰的教训"（2:14），"也有人照样服从了尼哥

---

[1] John Fox, *Acts and Monuments*, I., p. 94
[2] John Fox, *Acts and Monuments*, VII, p. 601
[3] Thomas Brightman, *Apocalypsis Apocalypseos, or A Revelation of the Revelation*, Leiden, 1616, p. 155.
[4] Ibid., pp. 74, 84.

拉一党人的教训"（2:15），"吃祭偶像之物，行奸淫的事"（2:13）。[1]

布莱曼解释，从1300年到1520年是宗教改革阶段，最后三个教会对应于新教三个教派：撒狄教会对应于德国路德宗，上帝赐福，"他们要穿白衣与我同行，因为他们是配得过的"（3:5）；非拉铁非教会对应于日内瓦和苏格兰等地的改革宗，负责掌管"大卫的钥匙"（3:7）；而老底嘉教会对应于英国教会，上帝"站在门外叩门"（3:20），"若有听见我声音就开门的，我要进到他那里去，我与他，他与我，一同坐席"（20）；上帝对老底嘉既"疼爱"又"管教"，告诫说，只要"发热心"和"悔改"，人无论穷富贵贱，都能在精神上得富足、体面，被治愈。[2]布莱曼相信使徒约翰写出《启示录》后的一千五百年，第七印的第七号即将吹响，反基督的教皇的统治将在1686年结束，基督做王统治世界。[3]

6. 英国宗教改革时期的末世论的神学历史观的直接后果是培育了英国人独立的民族意识，英国民族的存在与新教信仰交织在一起。亨利八世的英国大主教克兰默说："上帝是有国籍的"，伦敦主教约翰·阿尔莫更明白地说："上帝是英格兰的……英国人不只是在争吵中为国家而奋斗，而主要是捍卫他们真正的宗教和基督。"[4]福克斯在《烈士传》中说："上帝把英国人放在同一个政府、同一个教会，如同在同一艘船上，让我们不要混淆或分裂这艘船，以免离散灭亡。"[5]根据这些事实，格林菲尔德《民族主义》第一章标题称宗教改革后的英国为"上帝的头生子"[6]。

---

[1] Thomas Brightman, *Apocalypsis Apocalypseos, or A Revelation of the Revelation*, Leyden, 1616, p. 97.

[2] Ibid., pp. 118-122, 140, 158-159.

[3] Ibid., pp. 490-491, 569.

[4] 转引自 William Haller, John Foxe and the Puritan Revolution, in *The Seventeenth Century: Studies in the History of English Thought and Literature from Bacon to Pope*, Stanford University Press, 1951, p. 209。

[5] John Foxe, *Book of Martyrs*, vol. I, London: John Day, 1570, p. 520.

[6] Liah Greenfeld, *Nationalism: Five Roads to Modernity*, Harvard University Press, 1993.

四、新教改革的现代性特征

新教教义没有超出基督教信仰,然而,新教精神对哲学的影响却超出了基督教哲学的范围,它在哲学、科学、经济和政治等方面为近代提供了新的理论基础和文化氛围。

1. 在哲学上,新教把"自我确信"作为真理的内在标准和直接证据,信仰和知识的基础,一反经院哲学在权威著作中寻找论据,在不同意见的论辩中确定真理的认识论模式。新教的真理观鼓励个人独立探索真理的自信心。近代著名思想家不再是注释者、辩证学者,而是一些凭借个人才能开拓新领域,建立新学说的独立研究者。近代哲学认识论以"自我意识"为中心,探索知识的基础和真理标准问题,追求确定性。所有这些都是新教精神带来的变化。

2. 培根说:"宗教改革者想让上帝命令罗马教会为堕落的习惯和仪式负责,同时又让神圣的天意参与发明和其他知识的新开端。"[1] 另外,新教的"先定论"是对人和历史的命运的决定论解释,它被推广到自然哲学领域,引起新教徒对自然规律的机械决定论的推测。据斯蒂芬·梅森在《自然科学史》中统计,1666 年巴黎科学院建立以来的两个世纪中,在 92 个外籍会员中有 70 个是新教徒,6 个天主教徒。这与法国之外 1.02 亿天主教徒和 6300 万新教徒的数目相比是一个差距相当大的比例,反映了新教徒和天主教徒对自然科学研究的不同态度。新教宿命论的神学虽然导致哲学上的机械决定论,但却包含着一个内在矛盾:自然界的因果决定论归根到底诉诸对上帝的自由意志的非决定论解释。这个矛盾引起了哲学中决定论和意志自由说的争论。莱布尼茨在《神正论》中把这一矛盾视为理性的"二迷宫"之一,康德在《纯粹理性批判》中把它列为四个"二律背

---

[1] Fancis Bacon, *The Advancement of Learning*, ed. A. Johnson, Oxford University Press, 1974, p. 42.

反"中最重要的一个,足见新教精神对近代哲学影响之深。

3. 在经济上,新教精神造就了与中世纪价值观完全不同的资本主义价值观。马克思虽然批判路德在政治上没有改变封建专制,但路德对资本主义发展"即使没有正确解决问题,毕竟正确地提出了问题"[1]。《资本论》中具体说明,路德正确但没有解决的问题包括资本主义发展面临的经济问题。比如,"路德把作为购买手段的货币和作为支付手段的货币区别开来",他看到"世上到处都是重大的、卓越的、日常的服务和行善";再如,路德"出色地说明了统治欲是致富欲的一个要素";又如,"路德比蒲鲁东高明一些。他已经知道,牟利与贷放或购买的形式无关";还如,"路德在他反对高利贷的天真的狂吼中",不自觉地表达了"资本生产剩余价值的事实"。[2] 韦伯也认可新教对资本主义发展的贡献,他在《新教伦理与资本主义精神》中指出,新教徒把成功的经济活动作为获救的证据,商人用禁欲主义对抗自发的财产享受,束缚奢侈品消费;他们把获取最大利润的冲动视为上帝的直接意愿。工人为了信仰而劳动,视劳动为天职、善功,把它当作确信恩典的唯一手段,这几乎成为近代工人的特征。由此我们不难理解,在近代资本的原始积累阶段,哲学家在伦理学中并不推崇金钱和物质享受,而在提倡个人主义的实践理性和艰苦劳动,积极进取的世俗禁欲主义。新教精神为我们理解近代个人主义价值观指出了一个关键点:这种个人主义不是对个人物质享受的追求,而是追求个人理想与信仰的确信和确证。

4. 更重要的是,加尔文主义发动市民阶层,为荷兰和英国的资产阶级革命提供了思想武器。前面已经引述了恩格斯观点,自不赘述。以下三章将在宗教改革时代新教神学的基础上,分别阐述17世纪英国的霍布斯、洛克和荷兰的斯宾诺莎的政治哲学。

---

[1] 《马克思恩格斯文集》第1卷,人民出版社2009年版,第12页。
[2] 《马克思恩格斯文集》第5卷,人民出版社2009年版,第159页注96,第224页注15,第684页注34;第7卷,第388页注56,第443页。

第三章　霍布斯的政治哲学

一、引子：早期近代哲学与《圣经》解释

1. 众所周知，17世纪政治哲学的主要派别是"社会契约论"，其主要版本依次为：霍布斯的《利维坦》，斯宾诺莎的《神学政治论》，洛克的《政府论》。所有这些版本都设定了"自然状态""自然法"或"自然权利"等理论前提，从这些概念的意义出发来推导论证公民权利和政治权威的正当性和合法性。由于各家对优先概念的意义有不同解释，于是有了那些在"社会契约论"名目下旨趣不同的学说。马克思说，霍布斯、斯宾诺莎等近代哲学家"已经开始用人的眼光来观察国家了，他们从理性和经验出发，而不是从神学出发来阐明国家的自然规律"[1]。马克思在19世纪中叶的这个判断，不但是当时人们的共同看法，直到现在也是学术界的主流观点。

但是，西方近代政治哲学的这三部开山之作有一个值得注意、却被长期忽视的问题，即用大量篇幅解释《圣经》。《利维坦》一半篇幅（第三、四部分）在解释《圣经》，《神学政治论》几乎全是《圣经》解释，

---

[1]《马克思恩格斯全集》，第1卷，人民出版社1995年版，第227页。

《政府论》上篇全部是《圣经》解释。现在流行的解释是,他们三人的《圣经》解释的政治意义只是为了反对当时流行的君权神授观,或是对偏离社会契约论核心观点和论证的插叙、枝蔓或附录,现在已没有政治哲学的意义。

在宗教改革"唯有圣经""唯有信仰"的社会历史语境中认真阅读这三部著作,我们可以得出这样的结论:他们关注的焦点并不是批判"君权神授"的中世纪教条,而是关系到社会契约论是不是历史事实、有无可靠保障等问题。他们的回答虽然不同,但都依据《圣经》的权威,从《圣经》诠释中引申出关于政治权威来源和合法性的近代表达。

霍布斯考察了从亚伯拉罕经摩西到以色列王国的历史,得出结论说:"政治与宗教的权力虽然全都操在国王手中,但除开由于自己天赋特厚或享有至福因而福泽逾恒的人以外,在运用这两种权力时没有不受辖制的。"[1]

斯宾诺莎分析了《圣经》记载的神权政治的优点和缺点:优点在于最高裁判者是上帝,只有上帝拣选领导者,如果他违犯神权,别人就以敌人对待他,合法地压服他;缺点在于因利未人作祭司的特权而引起的纷争和内战。斯宾诺莎认为现代政治制度应吸取神权政治的教训,实现政教分离和思想自由的原则。[2]

洛克为反驳保皇党菲尔麦从《旧约》中引申出的"父权政府的直系继承权",在《政府论》上册详细考察了上帝赋予亚当管辖权的意义以及族父和以色列史中的继承权问题,得出结论说"这个古老而首要的父权政府的直系继承权"只适用于五百年的以色列王国,在一千七百五十年的以色列史中,"他们保有世袭君主政府的时间不到三分之一"。[3]

2. 现代人多以为社会契约论与《圣经》历史并无联系。很少有人把

---

[1] 霍布斯:《利维坦》,商务印书馆1985年版,第385页。
[2] 斯宾诺莎:《神学政治论》,商务印书馆1997年版,第239—250、258—279页。
[3] 洛克:《政府论》(上册),商务印书馆1997年版,第137页。

《圣经》与政治哲学联系在一起,因为《新约》中只有少数几条关于政治与宗教关系的教导(马太福音,22:21;罗马书,13:1—7),而《旧约》记载的以色列王国历史似乎与现在所知的中东地区古代王国无异,没有什么深刻的理论可言。再加上启蒙运动和现代《圣经》批判运动否定了《圣经》的权威。出于这些和其他一些原因,现代政治哲学家即使涉及神学,也不再把《圣经》作为新理论的历史资源;[1]即使涉及近代政治哲学的历史背景,也宁可回到古希腊和中世纪。[2]

更有甚者,《利维坦》和《神学政治论》的《圣经》诠释被认为是《圣经》历史批判的先驱,霍布斯和斯宾诺莎从一开始就被人们认为是反宗教、无神论或其伪装理神论("自然神论")的哲学家。洛克被认为是自由主义的先驱,他的《圣经》诠释即使不归属于历史批判,也有理神论之嫌。这些在当时是宗教指控,现在却成为近代政治哲学的现代性—世俗化的本色。20世纪大多数政治哲学家按照宗教批判的启蒙风尚,或后启蒙彻底世俗化的风尚来理解近代政治哲学的起源和本质,或者积极评价他们的《圣经》批判的历史功绩;或者撇开《圣经》诠释,从社会学、心理学、政治学的角度,解读他们的政治哲学的现代意义,梳理历史发展线索;或者按照逻辑分析,把他们的学说归结为论证的步骤和骨架。[3]

3. 从20世纪后期开始,霍布斯、斯宾诺莎和洛克研究中出现了一种新的趋势:一些研究者针对上述种种流行的"非宗教解释",提出了"宗教解释",即把早期社会契约论者看作虔诚的信仰者,而不是无神论者或理神论者;他们的学说以《圣经》为权威,而不以批判或否定《圣经》为目的和主旨;他们的信仰和《圣经》诠释否定了天主教解释传统的权威,针对新教国家面临的迫切政治问题,援引新教神学的一些观

---

[1] Quentin Skinner, *Reason and Rhetoric in the Philosophy of Hobbes*, Cambridge University Press, 1996.

[2] 参阅 Leo Strauss, *The Political Philosophy of Hobbes*, Oxford: Clarendon Press, 1936。

[3] 参阅 David P. Gauthier, *The Logic of Leviathan*, Oxford: Clarendon Press, 1969; David Johnston, *The Rhetoric of Leviathan*, Princeton University Press, 1986; Ross Harisson, *Hobbes, Locke and Confusion's Masterpiece*, Cambridge University Press, 2003。

点，提出并论证了自己的哲学理论。概而言之，这些"宗教解释"论者要求在宗教改革的历史背景里，参照当时的神学资源，合理地理解早期社会契约论的"神圣—世俗"整体性。他们批评"非宗教解释"片面地把现代性等同为世俗化，把理性、哲学与信仰、神学割裂开来，狭隘地解释政治哲学的理论前提和基础，这样做既不符合历史事实，也减弱了政治哲学的理论视野和社会价值。[1]

如同"非宗教解释"一样，"宗教解释"只是一个趋势，两者的批评和反批评中，提出了一些有意义的问题。与本研究相关的重要问题有：霍布斯、斯宾诺莎和洛克心仪和吸收的新教神学是加尔文主义还是英国国教信条？他们对自然法的理解与天主教传统尤其是阿奎那的自然法学说有何联系？对斯宾诺莎而言，他力图改变的学说是犹太教传统的，还是基督教传统的？他们对政权管辖教权的现代国家模式的论证方式是理性推理还是《圣经》诠释，或是两者的结合？关于这些问题的讨论，不只是为了恢复社会契约论的历史原貌，更重要的是理解它的理论资源和论证方式，解决现代政治哲学中的一些难题。围绕这些问题，我们以文本为依据，分别对早期社会契约论的三个版本作出解释。

二、"利维坦"是如何建立的？

1. 在霍布斯研究中，"非宗教解释"与"宗教解释"的分歧，首先

---

[1] 参阅 A. F. Taylor, "The Ethical Doctrine of Hobbes", in *Philosophy*, 1938(13), pp. 406-424; Howard Warrender, *The Political Philosophy of Hobbes*, Oxford: Clarendon Press, 1957; A. P. Martinich, *The Two Gods of Leviathan*, Cambridge University Press, 1992; J. G. A. Pocock, *Politics, Language, and Time*, pp. 148-201, New York: Atheneum, 1973; Patricia Springborg, *The Cambridge Companion to Hobbes*, pp. 346-380, Cambridge University Press, 1996; George Wright, "Hobbes and the Economic Trinity", in *British Journal for the History of Philosophy*, 1999 (7), pp. 397-428; George Wright, *Religion, Politics and Thomas Hobbes*, Dordrecht: Springer, 2006; Greg Forster, "Divine Law and Human Law in Hobbes's Leviathan", in *History of Political Thought*, 2003(24), pp. 189-217; Gianni Paganini, "Hobbes, Valla, and Trinity", in *British Journal for the History of Philosophy*, 2003(11), pp. 183-218; James Martel, *Subverting the Leviathan: Reading Thomas Hobbes as a Radical Democrat*, Columbia University Press, 2007。

表现在对《利维坦》结构的理解上。《利维坦》前两部分"论人类""论国家"提出了关于人的认识、人性、自然法和国家的学说,后两部分"论基督教体系国家""论黑暗的王国"是《圣经》解释和对天主教会曲解《圣经》的批判。"非宗教解释"论者认为前两部分是霍布斯哲学的精华,后两部分对于理解霍布斯哲学不重要,可以忽视,他们编写的《利维坦》英文流行读本把后半部分全部删除。而"宗教解释"论者在"神圣—世俗"的框架里,认为前两部分提出的社会契约论是不完整的,王权的绝对性是不可靠的,需要后两部分的《圣经》解释,为绝对王权提供当时教士和信徒都能接受的神圣依据和合法性。哪一种解释更符合霍布斯的心意呢?

霍布斯在《利维坦》最后"综述与结论"中说:"学说中的一切真理要不依据理性,就得依据《圣经》。"(576)[1]又说,理性和《圣经》的结合使得本书原理"正确而恰当",推理"确实可靠":

> 我把主权者的世俗权力,以及臣民的义务与权利,都建筑在众所周知的人类天赋倾向与各条自然法之上,凡是自以为理智足以管理家务的人都不能不知道。至于这种主权者的教权,我就把它建筑在本身明确而又符合全部《圣经》的见地的经文之上。(575)

就是说,前两部分对主权者世俗权力的论证建立在人类天赋理性的基础之上,而后两部分论证的主权者管辖教权学说建立在《圣经》之道的基础之上。问题的关键是,人类理性认识的自然法与《圣经》教导的主权者的绝对权力如何能够关联呢?我们不妨先来概览《利维坦》的推理。

2.《利维坦》前两部分论证的社会契约论,出发点是人性的观念:人是一种自然物体,人的激情是自然运动在人的生命中的继续,人类按

---

[1] 本章以下霍布斯引文后括号中的数字系《利维坦》商务印书馆1985年版的页码。

照趋利避害的自然本能活动;欲望和恐惧是人类最基本的两种激情,幸福就是对欲望的满足,以及顺应激情不断成功的生活。

人类进入社会之前,霍布斯称之为自然状态。人满足自己欲望的能力在自然状态中是"平等"的,由此带来的一个结果是,给人的欲望以同等的实现的希望,当每个人都寻求生存和自我保护,并且因天性中的竞争、猜疑和荣耀而有争斗时,最终导致了一种战争状态的自然状态,"这种战争是每一个人对每一个人的战争"(94)。而且这种战争不仅是实际的争斗,也包括时刻准备以战斗进行争夺的意图。而要获取自己的胜利,就必须先发制人。这样的自然状态没有任何道德和规矩,只有暴力和欺诈。

霍布斯在提出自然状态是"每一个人对每一个人的战争"之后说:"也许会有人认为这种时代和这种战争状态从未存在过,我也相信决不会整个世界普遍出现这种状况"(95),但他随后的辩护很弱,而且承认"就具体的个人说来,人人相互为战的状态在任何时代都没有存在过"(96)。那么,霍布斯凭什么相信自然状态的历史存在呢?答案在前一章(《利维坦》第12章)中。他把人类宗教分为两类:

> 前一种宗教便是人类政治的一部分,宣讲尘世君主要求于臣民的一部分义务。后一种宗教则是神的政治,其中所包含的是许身为天国子民的人的诫律。一切异教人的建国者和立法者都属于前一类,而亚伯拉罕、摩西和向我们昭示天国法律的救主基督则属于后一类。(83)

"宗教的自然种子"的说法来自保罗神学。他说:"自从造天地以来,神的永能和神性是明明可知的,虽是眼不能见,但藉着所造之物就可以晓得,叫人无可推诿。"(罗马书,1:20)据此,加尔文在《基督教要义》的开篇说:"人心甚至由于自然的本能,也有些对神的感觉,我

第三章 霍布斯的政治哲学

们认为这一点是无可争辩的。"[1]霍布斯把人心中"宗教的自然种子"解释为对自然状态的政治约束力,无论人类政治还是人的政治"目的都是要使依附于他们的人更服从、守法、平安相处、互爱、合群"(83)。相互争战的自然状态只存在于他所知的世界上少数没有宗教的未开化部落(95),以及丧失了宗教信仰的各个部落的统治者之间(96)。

至于在信仰亚伯拉罕宗教的国度,上帝

> 也为自己建立了一个特殊的王国。他不但为人与神之间的行为定立了法度,而且也为人与人相互之间的行为定立了法度。因此,在上帝王国中,世俗的政策与法律都是宗教的一部分,于是世俗和宗教统治的区别在这里便不存在。(88)

霍布斯的特殊之处在于消除了路德和加尔文关于"两个王国""两种法律"的区分,这就留下一个疑团:上帝王国的主权者究竟是教士还是世俗统治者?

第12章"论宗教"对全书有着全局性的意义,起着联结前两部分和后两部分的作用。有论者承认这一点,但按照宗教批判的视角,得出结论说,霍布斯把"消解宗教的原因追溯到它最初的种子","提供了《利维坦》反宗教的证据"。[2]这种解释完全不懂"宗教的自然种子"的加尔文神学背景,也违背了文本证据。霍布斯明白地说,宗教史上愚昧无知的迷信和偶像崇拜"只是关于神以及超自然和不可见的力的一种看法,它们决无法从人性中根除,而将通过在这方面著名人物的培养产生出新的宗教来"(88)。他还分析了民众宗教信仰被削弱的原因,一是由于罗马教会腐败堕落,"教士道德败坏使人民动摇了信仰。还有另一部分原因则是由于经院学者将亚里士多德的哲学和学说羼入宗教"(91)。这些

---

[1] 加尔文:《基督教要义》(上册),基督教文艺出版社1991年版,1.3.1,第9页。
[2] Devin Stauffer, "'Of Religion' in Hobbes's Leviathan", in *The Journal of Politics*, 2010 (72), pp. 868-879.

分析确切地说是强化宗教改革的证据,只有把天主教传统等同为"真宗教"的人才看得到"反宗教的证据"。

3. 第12章之后,第13—31章说明"人的政治",阐述了走出自然状态的社会契约论。霍布斯首先对自然权利(Jus natural)与自然法(Lex Natural)做了区分:自然权利就是一种自由(Liberty)。霍布斯说:"自由这一语词,按照其确切意义来说,就是外界障碍不存在的状态。"从自然权利的角度看,人的自然状态基本上就可以概括为人对于自己的自然权利的充分使用,也就是每个人"都有对于一切东西的权利,以及相互对对方身体的权利"(97)。在霍布斯看来,自由是一切权利的根本来源,即使建立国家,主权者的权利亦来自每一个人自然权利的让渡。

霍布斯改造了中世纪的"自然法"传统。他熟知伽利略、笛卡尔等人的著作,随着自然科学的兴起,自然界失去了宗教和伦理的属性,他把自然法由普遍的道德法改造为与人趋利避害的自然本能相适应的社会法则。霍布斯总结的最主要的两条自然法,一是利用一切手段保存自己,二是为了最大限度地维护自己的利益,在必要时放弃别人也同意放弃的权利。人的最大利益是自我保存。根据第一条规律,人们为了维护各自的生命权,一开始处于"人对人是狼"的战争状态。但是,战争状态威胁到人的生命,违反了最大的利益,因此人们必然要求和平。根据第二条规律,和平协议是这样一个契约:每个人都同意放弃和别人一样多的权利,并因此而享受到和别人一样多的利益。这就要求每个人都把自己的权利转让给一个人或一群人,由他或他们代理行使权利,以保全契约者的生命。"保全生命"的意义不是苟且偷生,而是在对生命不厌倦的条件下生活。国家是这一契约的产物,同意转让权利的契约者是被统治者,接受契约的代理权利者是统治者。

4. 说明"人类政治"之后,第三部分(第32—43章)"论基督教体系的国家"说明"神的政治"。这两类政治的共同点都是以社会契约为基础。所不同的是,霍布斯用经验论证"人的政治"中社会契约的原则和功效,但无历史例证,而用《圣经》证据说证明"神的政治"中的社会契约。他说,上帝

> 不但为人与神之间的行为订立了法度,而且也为人与人相互之间的行为订立了法度。……上帝成为全世界之王是根据权力而来的,但他成为选民之王则是根据契约而来的。(88)

"非宗教解释"把"人类政治"部分当作霍布斯政治哲学的核心,但"神的政治"中社会契约的《圣经》诠释同样重要,否则社会契约论只是一种合理的设计,而无历史依据和现实影响力。霍布斯对此有清醒的认识,他在第二部分"论国家"的结尾处写道:

> 本书直到这儿为止所谈的是主权者怎样建立及其权利和性质,以及根据自然理性的原则推论出来的臣民的义务。这种学说跟世界大部地区的实践相去很远,尤其跟我们这接受罗马与雅典的伦理学的西方世界的实践相去很远,同时掌管主权的人所需要的伦理哲学又极深;考虑到这一切之后,我几乎认为自己费这一番力就像柏拉图搞出他那共和国一样没有用处了。(288)

为了扫除"神的政治"的思想障碍,他写了第四部分,主要是针对罗马教廷论证教权高于王权的经院哲学。霍布斯揭露罗马教会自称上帝之国的做法源于四个错误:滥用《圣经》;编造魔鬼学的荒诞不经说法;"利用各种宗教的残余和许多希腊人的虚妄而错误的哲学,尤其是亚里士多德的哲学";以及在历史中混杂虚构、传说和不可考因素。最后以"空虚的哲学和神怪的传说所造成的黑暗"为题概述希腊哲学的学派和犹太人的法学学派的错误(第46章)。

5. 第三部分与第四部分是"神的政治"的正反两个方面。第三部分诉诸《圣经》权威,阐明"神权政治"的性质和目的。在第35章,霍布斯说:"上帝的王国一词在《圣经》中大多数地方都指正式的王国,由以色列人民以一种特别的方式投票建成。在这种方式下,由上帝应许他们具有迦南地,而他们则与上帝立约,选上帝为王。用于比喻意义的时候很少。"(321)就是说,应把旧约历史当作以色列人王国的历史来读,这个王国具有霍布斯先前论证的世俗国家的一切要素:契约、国王、法律和服从的义务。他说:

> 总而言之,上帝的王国是一个世俗的王国,其成立首先在于以色列人民的一种义务,即服从摩西从西奈山带给他们,后来暂时由大祭司在至圣内殿中从天使那里付给他们的律法的义务。(326)

第40章依据《旧约》描写的以色列史,把上帝与亚伯拉罕、以撒、雅各和摩西立约的记载解释为国王和臣民之间的契约,"根据这种按约立国的过程,上帝便得到了一个王国"(376)。上帝的王国首先是"祭司的国家",因为上帝根据与以色列人的约定指定摩西及其之后的大祭司代理他的主权,"世俗和宗教方面的权力便都结合在大祭司一人手中"(381)。继士师之后出现的是国王,经过上帝同意之后,以往属于大祭司的宗教和政治的一切权力从此属于国王。(382)按照旧约历史,霍布斯说:"犹太人在巴比伦被掳时根本没有国家。回来后虽然和上帝重新立了约,但却没有应许服从以斯拉或任何其他人;不久之后他们就成了希腊人的臣民。"(385)

6. 霍布斯批判地阐述旧约记载以色列史的目的并不是要恢复"上帝的王国"。他认为新约中耶稣应许的"基督王国"只发生在不可预测的未来,"基督的国不在今世;因此,代他传道的人除非是国王,否则就不能以基督的名要求人们服从"(397)。在君士坦丁皈依基督教之前,基督徒尚且可以按照自己个人意见决定是否服从罗马皇帝的宗教命令,但在君士坦丁之后,"所有其他基督徒皇帝都当然是罗马帝国的最高主教"(446),成为集教权和王权于一身的主权者,基督徒有义务服从世俗主权者。霍布斯没有像路德那样,把上帝的权威和君主的权力分开,认为上帝任命一个相信和服从上帝但被剥夺了维护和平的必要权力的国王,在逻辑上是讲不通的。因此,霍布斯得出结论:"基督教体系的国家"的最高主权者如同上帝在以色列王国那样行使权力,"全部臣民都交给他管辖;因之所有其他教士的任命、传教的权力以及执行其他教士职务的权力都是根据他的权力而来的"(436)。

可以清楚地看出,霍布斯极力反对的是"教权至上"的中世纪传统,而不是"神权国家"的历史真实性。他虽然认为,《圣经》记载的神权国家已经成为一去不复返的历史,但同时也认为,符合上帝意志的国家只能以符合他的理性哲学和《圣经》历史的方式存在并运作。霍布斯用《圣经》的比喻"利维坦"作为书名,不只是因为国家具有令人恐惧的威力,而且因为他的政治设计代表着正当和合理的现实政治权威。

三、霍布斯的《圣经》解释的性质和特点

1. 虽然《利维坦》四个部分有相互衔接吻合的结构完整性,但必须承认,第一部分和第三部分间有一个鸿沟。根据前者,一切现象的根源都是身体运动产生的感觉(4),想象是渐次衰退的感觉(7),记忆是简单的感觉,幻象是复合的感觉(8),"梦境是身体内某些部分的骚动不宁引起的"(9),"崇拜林神、牧神、女妖等等的异端邪教,绝大部分就是由于不知道怎样把梦境以及其他强烈的幻觉跟视觉和感觉区别开来而产生的"(10—11)。

霍布斯认为祛除这些迷信具有良好的政治效应。他说:

聪明人的职责就在于对他们所说的一切只相信到正确的理性能判明其为可信的程度。如果能消除这种鬼怪的迷信恐怖，随之又将占梦术、假预言以及那些狡猾不轨之徒根据这些搞出的愚弄诚朴良民的许多其他事情予以取缔，那么人民就会远比现在更能克尽服从社会的义务。（11）

按照霍布斯的认识论，人不能认识基督教信仰的无限的上帝。他说：

我们所想象的任何事物都是有限的。因此，没有任何事物的观念或概念是可以称为无限的。任何人的心中都不可能具有无限大的映象，也不可能想象出无限的速度、无限的时间、无限的外力、无限的力量。当我们说任何事物是无限的时候，意思只是我们无法知道这种事物的终极与范围，所知道的只是自己无能为力。因此，称上帝之名并不是为了让我们去想象上帝，因为上帝是不可思议的，其伟大与力量是无法想象的；称上帝之名只是为了使我尊敬上帝。（17）

然而，第三部分一开始就说：

往下我所要谈的是基督教体系国家的性质和权利，其中有许多地方要取决于神的意志的超自然的启示；这一讨论必然不但要以上帝的自然传谕之道为根据，而且也要以上帝的预言传谕之道为根据。（290）

这两段话至少在字面上有矛盾：既然上帝不可知，上帝超自然启示和传谕之道如何能够成为讨论国家问题的根据呢？

2. 坡考克试图解决这个矛盾。他说，17世纪的世俗学者和新教徒都认为《圣经》的启示和信仰不是知识，但霍布斯不同，《利维坦》考察的都是知识,只是前后两部分考察的知识不同,但有联系,前者依据经验证明的知识是后者中《圣经》知识的前身,而后者是前者中的知识标准的应用。[1]但是,如果霍布斯的"知识标准"只是第一部分所讲的感觉,那么《圣经》中的启示无论如何也不能成为知识。我们要看到,《利维坦》中的知识标准既是感觉,也是理性。

让我们看看霍布斯自己是怎样说的。他在谈到上帝的传谕之道之后立即说:

> 然而我们却不能抛弃我们的感觉和经验,也不能抛弃毫无疑问是上帝传谕之道的自然理性。因为这是救主重临人世以前上帝赐给我们解决问题的才能,所以便不能用任何暗地信仰的手巾把它们包起来,藏而不用,而要用它来取得正义、和平与真正的宗教。在上帝的传谕之道中,虽然有许多东西是超乎理性的,也就是无法由自然理性加以证明或否定的,但天赋理性中却没有与之相违背的东西。(290)

这段话区分了感觉和经验、天赋的自然理性和信仰,信仰中许多东西超乎自然理性,但不相矛盾。自然理性是天赋的推理能力,从正确的前提推导出正确的结论;《圣经》中超自然启示只有在基督再次降临的模式下才能揭开,但自然理性的推理可以证明这些启示的合理性,如果推理的结论与信仰的前提相违背,那么"毛病要不是我不善于解释,便是我们的推理错误"(291)。这句话不禁令人联想到阿奎那的自然神学。阿奎那《神学大全》的第二个问题是:"神圣的学问是否为一门科学?"他区分了教理神学和自然神学:前者依靠对启示和权威的信仰,后者通过自然理性的推理证明信仰;即使推理与信仰不符合,也不能证明信仰

---

[1] J. G. A. Pocock, *Politics, Language, and Time*, New York: Atheneum, 1973, p. 183.

有误，只能证明人在运用自然理性时难免产生的混乱、错误和不确定。[1]

霍布斯的理性推理当然不等于阿奎那时代经院哲学的三段式推理，他说："不要费许多力气用逻辑的方法去寻求这种不可思议同时又不归属于任何自然科学规律之下的奥义的哲学真理"，而要用"悟性"去把握上帝的传谕之道。他比喻说：

> 我们宗教的奥义就像治病的灵丹一样，整丸地吞下去倒有疗效，但要是嚼碎的话，大多数都会被吐出来，一点效力也没有。(291)

3. 霍布斯上述《圣经》知识方法论有三个特点：第一，运用推理证明《圣经》中的启示；第二，推理的结论不能违背自然科学的规律；第三，理解《圣经》中启示的整体效应在于"用它来取得正义、和平与真正的宗教"。于是他得出结论：

> 通过明智而渊博的解释，再加上精心的推理，我们对上帝和人类的义务的知识所必需的一切法则和诫条都很容易从《圣经》中推论出来，而无须神灵附体或超自然的神感。我讨论地上的基督教体系国家的最高统治者的权利，以及基督教臣民对其主权者的义务时，则正是要从《圣经》中去寻找原理。(295)

按照这三条标准，霍布斯尖锐地批判天主教的《圣经》解释是"部分地由于亚里士多德，部分地由于理解的盲目性而传入大学并从大学传入教会的虚妄哲学的具体教义"(543)，"他们的逻辑本应当是推理的方法，但却不过是一堆诡辩之词，以及企图标新立异地难倒那些提出诡辩的人的花样"(542)。他还批判说："经院神学者的著作大部分都是一大

---

[1] 托马斯·阿奎那：《神学大全》，1集1题2条。

串毫无意义的奇怪而粗俗的词句,或是以不同于当时通行的拉丁文的用法搞出来的词句","他们对神的不可思议性非但不敬仰、不称赞,反而在哲学上怀疑辩驳","一开始就丢掉了他们的悟性,遇到的困难层出不穷、连绵不断"。(548)

4. 先说霍布斯《圣经》解释的第一个特点,即运用推理证明《圣经》中的启示。这立即引起"宗教解释"和"非宗教解释"之间的争论:霍布斯把《圣经》中的启示当作理性解释的不可怀疑、不可否定的前提,这究竟是发自内心的真诚还是为了自保的伪装呢?马提尼希总结说:

> 托马斯·霍布斯在他的时代被指控为无神论,一般而言是邪恶的。20世纪对他在某些方面和善得多,学者现在的共同意见是把他当作半信半疑的有神论者。我的观点不同:霍布斯是真诚的、相对正统的基督徒。他不仅相信上帝存在,宗教是人类生活的重要部分,而且相信上帝用一些神秘方式启示很多人,相信耶稣是上帝和弥赛亚,相信世界末日将有天堂和地狱。……霍布斯关于宗教的评论至少有百分之九十明显地与17世纪的基督教一致,或者专门针对长老会思想和天主教主义而发。[1]

《利维坦》中论证的上帝启示不等于《圣经》的全部语句,而是基督教信仰的核心。关于这个核心,霍布斯宣称:

> 在赎罪者的职分上,他(基督——引者按)像上帝所要求的那样牺牲了自己,因而担当并带走了我们的罪孽。从严格的正义观点说,一个人虽然没有罪,但他的死并不能补赎所有人的过犯;只是

---

[1] A. P. Martinich, *The Two Gods of Leviathan*, Cambridge University Press, 1992, p. 14.

由于上帝的仁慈，才规定了这种在神恩的悯恤中予以接受的赎罪牺牲……所以救主的死就足以作为全体人类赎罪的代价……他被天父适时地接上天，并在其升天中从人类的住处移去。（386—387）

试问：如果这个告白不是正统的基督教信仰，什么还能算作正统信仰呢？第41—43章论证基督教体系的国家学说都是按照这个核心展开的。

马提尼希在基督教信仰中区别了"标准"和"非标准"的信念，两者没有固定界限：随着时代变迁，有些标准的变成非标准的，有些非标准的变成标准的。他指出霍布斯《圣经》解释的意图有二：

他想通过与哥白尼、伽利略的现代科学相调和的方式保持正统基督教信念，另外，他想把宗教在政治上中立化，使宗教成为和平而不是战争的原因。[1]

这两点相当于我所说的霍布斯《圣经》解释的第二、三这两个特点，这些在17世纪早期都是非标准的，但在20世纪已成为标准的基督教信念。由此我们可以理解，为什么霍布斯的《圣经》解释在当时惊世骇俗，受到无神论的指控。但是，现在很多学者也把它评价为"世俗"或"非宗教""反宗教"的，无论出自褒奖还是贬损的目的，那就难以理解了，合理的解释是，这些"非宗教解释"论者按照传统的一成不变的眼光看待基督教信仰。需要说明的是，霍布斯的《圣经》解释，不但不同于当时兴起、19世纪流行的《圣经》高阶批判，而且与18世纪无神论或自然神论否定和攻击《圣经》的态度截然相反。

5. 再说霍布斯试图调和《圣经》字句与现代自然科学的《圣经》解

---

[1] A. P. Martinich, *The Two Gods of Leviathan*, Cambridge University Press, 1992, p.15.

释的第二个特点。《利维坦》用推理的方式解释《圣经》,得出与当时自然科学水平相符合的结论。霍布斯按照基督教正统信仰,相信《圣经》中记载的预言、灵、奇迹的真实性,但他尽量按照不违背现代科学原理和感觉经验论的方式,把这些文字叙述的事情解释为罕见的或现在已经绝迹了的自然现象。(295)

(1)关于先知的预言,霍布斯说,上帝"通过梦境、异象、异声和神感对一个人降谕",但转达上帝预言的先知是否出自幻觉或有意撒谎,则需要甄别。《圣经》中关于真假先知的区分已经树立了标准。霍布斯说:"我可以根据《圣经》答复说,两种迹象加在一起(不能分开来看)就可以知道一个真先知:一种是行奇迹,另一种是除开已建立的宗教以外不传布任何其他宗教。"(293)第二种迹象可以用自然理性判断:合乎《圣经》的整体效应的预言是真先知,否则就是假先知。

(2)至于《圣经》中行奇迹的"性质与用处",霍布斯说:"我们可以给它下这样一个定义:奇迹是上帝通过在他创造世界时所运用的自然方式,为了向选民说明前来拯救他们的特殊使者的使命而行出的业迹。"(351)霍布斯相信上帝创始的大能是"自然方式",由于新奇(如世界上出现的第一道彩虹)和不可重复而被看作"超自然"的。霍布斯并不因为自然界罕见而否定奇迹。他明确地说:"当我们看出了其中某种可能的自然原因时,就不论类似的事情出现得怎样少,我们总是不再感到惊奇,也不再把它当成奇迹看待了。"(347—348)在罕见的偶然中发现自然的原因,这已经成为20世纪很多科学家的信念。

《圣经》中记载的那些不是上帝亲手造成的奇迹,也可以合理地加以解释。霍布斯说,它们或者可能出自上帝的自然作用,"或者是通过次级原因发出"。霍布斯接着解释说,"出自上帝的自然作用"如上帝通过先知说预言,比如摩西行的神迹,"便没有说明摩西有超自然属性。因为上帝本来就用道理、实例和若干自然的与平常的事情来使人行诚敬、信义、仁爱、诚实、信仰等等的美德"(341)。而通过"次级原因"造成的奇迹，指人使用自己言辞的力量，比如，念符咒的人独立地依靠自己的力量完成的事情，"因之也就不成为奇迹了"（351）。

（3）霍布斯按照感觉经验论的标准，力图对《圣经》中的"灵"做科学的解释。无论上帝的圣灵，或是天使或魔鬼，还是"人们的意向、心意或倾向"（341—342），都是实体运动的属性。比如，"神的灵运行在水面上"（创世记，1:2），"spirit 的意义是风，也就是运动的空气或精气灵"（310）。再如，耶稣在海上行走（马太福音，14:26），"这儿所指的是一种气质物体，而不是一种幽灵。因为据说他们都看见了他。这不可能理解为心理的幻觉，而只能理解为物体"（313）。还如，"犹太人都称之为灵和天使，而希腊人则称之为魔"是"一种难以捉摸的物体；上帝可以用创造万物的同一力量创造出来"，"它是一种稀薄而看不见的实质，但却具有较浓密的实体的那种广延"（313—314）。总之，

> 灵字在《圣经》本文中所表示的……只是在本义下表示一种真实实体，或是在比喻的意义下表示身心两方面某种异于寻常的能力或感情。（313）

早期教父德尔图良把灵魂理解为有形实体，基督教神学中有把"三位一体"理解为有形实体的三个属性或功能的解释；另外"天使学"和"魔鬼学"把魔鬼、撒旦、邪灵的《圣经》话语还原为社会恶俗、人心邪恶和精神错乱以及欺世蒙昧等罪恶根源。[1]《利维坦》的解释是符合当时自然科学和心理学、社会学的。

6. 再说《利维坦》解释《圣经》的第三个特点，即取得正义、和平的整体效应。霍布斯总结说：

---

[1] 参阅赵敦华《魔鬼论的现代启示：从基督教哲学观点看》，《江苏行政学院学报》2010 年第 3 期，第 24—29 页。

在这方面我并不自称是提出任何自己的论点,而只是要说明:在我看来,从基督教政治学的原理(即《圣经》)中究竟能推论出一些什么结论来证实世俗主权者的权力和他们的臣民的义务。在引证《圣经》的时候,我尽量避免了含糊或解释有争议的经文;而只引证了意义最明白易懂、同时又跟全部《圣经》(《圣经》乃是为了在基督之中恢复上帝国而写的)的一贯精神与见地相符合的经文。因为,能为任何著作提供符合真义的解释的不是单纯的字句,而是作者的见地。凡属是断章取义地坚持孤立的经文而不考虑主要宗旨的人,便不可能从这些经文中清楚地推论出任何东西来,而只是把七零八碎的《圣经》像灰尘一样撒在人们眼前,使每一种东西看起来都更加模糊;这正是不追求真理、而只专门为自己的利益打算的人通常运用的一种狡计。(488)

《圣经》的整体效应在《旧约》和《新约》的历史连续性和差别中显现了出来。

(1)《圣经》历史的第一个事件是亚伯拉罕与上帝立约,充满了"契约""王国""统治""权威""服从"。《圣经》的启示是亚伯拉罕与上帝立约服从"梦和异象中出现的以上帝名义发出的命令",传达给他的家族。第20章说亚伯拉罕是世间(civil)主权者,亚伯拉罕家族从他们父辈那里接受了世间主权,亚伯拉罕家族的服从意志说明一个共同体(commonwealth)成员的意志必须归结为一个主权者的意志,以维持和平和安全。霍布斯解释说:

> 他的权力便像所有其他国王的权力一样,必须以人民的同意以及服从他的诺言为根据,……他们是自己承担义务,服从他作为上帝的诫命传示给他们的一切。(377)

以色列人有时不服从摩西的事实无损摩西原则上的权威。摩西和任何自治体公众的主权者一样是唯一的上帝使者及其命令的解释者。

　　（2）士师时期和国王时期，宗教至上性都在公众主权者的手中。"上帝之国"表示永恒极乐，"荣耀之国""恩典之国"。霍布斯的解释是，王国按其名称由以色列人民以特殊的方式选举而成，他们与上帝立约选择上帝为国王。（297）上帝的全能统治万国，不管是否同意，这是自然法意义上的上帝之国。上帝是自然法的初因，不管是否同意，都不能拒斥上帝，但人们可以选择派生的原因。《圣经》中上帝之国不但表示以色列人服从上帝、同意主权者，而且服从管辖他们人际关系的正义，以及服从与其他国家关系的公众统治者，大祭司是这些事务的总管或助理。（299）但在后来的演变中，人民把祭司置于国王之上，国王更多地乐意在宗教事务上表态。

　　（3）《新约》中的耶稣劝诫人民相信并订立与未来万国的新约，他和使徒还不是公众主权的决定者，使徒缺乏世俗王国的权威，保罗使用理性说服，而不下权威的命令，在基督没有留下他在世上的管理者的情况下，基督徒要服从本国主权者。（263）

　　7. 为了使自己当时"非标准"的政治解释符合《圣经》权威，霍布斯提出了《圣经》篇目和各篇作者是谁的问题。他采用了新教《圣经》的编目，但认为篇名不足以表明作者。他考证说，"摩西五经"的作者不是摩西，"《旧约》各篇是从以斯拉时代（当各篇已散佚时，他受圣灵指引将其找回）起流传下来的"，同样，《新约》也是在使徒时代之后形成的（303），"使一篇《圣经》成为正典的不是作者，而是教会的权威"（304）。

　　霍布斯的考证与后来的《圣经》历史批评大抵相同，但目的和效应完全不同。《圣经》批评否认《圣经》是神的启示，认为其是后人按照不同时代的"生活境况"改写和编定的，因此使人相信《圣经》充满底本的错简、文字的混乱和矛盾，怀疑《圣经》的权威。而霍布斯则说：

我相信虽然《新约》各篇的抄本只存在于教士手中，他们却并没有因此而窜改《圣经》。因为他们如果有意这样做的话，就一定会使这些篇章比现存情形更有利于他们控制基督徒国王和世俗主权的权力。因此，我便看不出有任何理由要怀疑我们现在所见到的《新旧约》是先知和使徒言行的真实记录。（303—304）

　　他还说："各篇虽然是由不同的人写成的，但各作者则显然具有同一种精神，那便是他们都想要达到同一目的，这就是说明圣父、圣子、圣灵的王国的权力"；《圣经》的权威在于其中颁布的神律是自然法，"一切能运用自然理性的人都可以理解它们。但这种权威不过是所有其他符合于理性的道德原理的权威，其指令是永恒的法律，而不是制定的法律"（305—306）。就是说，《圣经》的权威与基督教国家主权者颁布和实施的成文法的权威相一致，而且有共同的自然法基础。

第四章　斯宾诺莎的政治哲学

一、斯宾诺莎的信仰

1. 20世纪之前，斯宾诺莎一直被看作无神论的代表，他的主要哲学著作《伦理学》普遍被认为是唯物主义和自然神论的代表作，他的政治哲学著作《神学政治论》中的《圣经》解释被认为是对基督教信仰和《圣经》权威的否定，于1674年被荷兰政府禁止，次年受到荷兰新教教会谴责。自从1870年代德国人围绕斯宾诺莎是不是无神论者的争论之后，斯宾诺莎的学说成为19世纪德国哲学的重要理论资源，雅克比、谢林等哲学家把斯宾诺莎的"自然神论"当作揭示宗教本质的哲学真理。

在政治哲学领域，存在着"非宗教解释"和"宗教解释"的分歧，很少有人否定斯宾诺莎有虔诚的信仰，但学者关注的问题主要且首先是《神学政治论》中表达的信仰。列奥·施特劳斯说，斯宾诺莎生活在真正宗教虔诚受迫害的环境里，不得不"秘传"。他说《神学政治论》不是对相信理性的现实中的哲学家说的，而是对相信神学权威的潜在哲学家说的"，即对那些有潜力成为哲学家的宗教信仰者说的，只是由于大多数听众是普通人，斯宾诺莎"用普通人不理解的方式说话"，有意在书中引入许多矛盾，以此来隐藏自己激进的主张。施特劳斯认为，现代读者只有领会斯宾诺莎的目标、哲学教化的方法才能解开书中的矛盾。[1] 哈里·威尔森也认为，斯宾诺莎谨慎地把激进主张隐藏在传统神学背后，他是"过去宗教思想家的继承者，试图发现《圣经》隐藏的真理，直到在传统道路的结尾处超过《圣经》"；《圣经》批判不过是他为了超过而继承传统的手段，威尔森说，如果斯宾诺莎生活在更世俗的后来时代，他会清除对《圣经》的任何参阅。[2] 麦克孔也认为，斯宾诺莎继承和超越的传统是中世纪思想，他是最后一个经院学者。[3]

近50年来，"宗教解释"论者认为，斯宾诺莎的学说符合基督教信仰。艾罗尔·哈里斯反驳施特劳斯的"秘传说"，认为斯宾诺莎的《神学政治论》是对普通宗教读者说的，为了深化和扩展信众们的虔诚。[4] 道纳根认为，斯宾诺莎要建立一个更加自然的宗教，以适应自然科学世界观，但不是自然神论者，《圣经》被解释为来源虽然非科学但值得信赖的宗教。[5]

还有人认为，斯宾诺莎的学说是在犹太社区的宗教氛围里逐步形成的。爱德华·费尔德在《作为犹太人的斯宾诺莎》中说，最早的斯宾诺莎研究的学者约翰·乔治·瓦斯特在犹太社区流行思想的背景中，把斯宾诺莎哲学解释成犹太神秘主义的发展，但没有充分的证据；而现在的研究者倾向于认为斯宾诺莎在犹太社区之外接受哲学教育，"主要受启蒙哲学家和激进新教神学家影响"。费尔德试图调和这两种解释。他认为斯宾诺莎成长的阿姆斯特丹犹太社区是来自西班牙—葡萄牙边境的犹太移民，具有非常特殊的强调自我的内在意识。他的结论是，斯宾诺莎依据"启蒙哲学和后期宗教改革神学中自我观念的首要性"，把阿姆斯特

---

[1] Leo Strauss, *Persecution and the Art of Writing*, Free Press, 1952, pp. 162-163, 184.
[2] Harry Wilfson, *The Philosophy of Spinoza*, vol. 2, Harvard University Press, 1948, p. 347.
[3] 参阅 Richard McKeon, *The Philosophy of Spinoza*, Longmans Green & Co. 1928。
[4] Errol Harris, "Is There an Esoteric Doctrine in the TTP?" in *Vanwege het Spinozahuis,* 38, E. J. Brill (Leiden, 1978), pp. 3-14.
[5] Alan Donagan, *Spinoza*, Chicago University Press, 1978, pp. 13-32, 180-183.

丹犹太社区的文化氛围转化成世界性哲学。[1]

2. 格莱米·亨特提出了"斯宾诺莎是激进的新教徒吗"的问题。他说:"斯宾诺莎有可能把他自己视为现在被称作第二次改革的一部分,因为他与他的同门会(Collegiant)朋友有很多相同之处";"我并不是说斯宾诺莎是同门会员,但说他特别同情这个激进派别没有什么问题"。同门会激进之处何在呢?亨特引用研究材料说明:"这些新的激进改革者拒绝原初宗教改革的著作,视之为失败,而宣布重构基督徒在世间的宗教生活,并超出个人的会众或教会,以完成普遍基督教和基督教社会的完全重组。"[2]

荷兰第二次宗教改革确实是理解斯宾诺莎《神学政治论》的重要历史背景。同门会起源于对1619年多尔德公会的反抗。那次会议是荷兰保守的加尔文教徒的官方会议,决议清除帮助宗教难民(主要是来自其他国家的加尔文派和阿明尼乌派信徒)的教士,通过谴责阿明尼乌主义的多尔德教理。荷兰的宗教难民把自己的组织称作"同门"(Colleges),接受所有承认《圣经》是圣灵启示和生活原则的人,而无须宣告任何教派的信经,同门会每周有两次学习《圣经》的聚会,各种意见都可发布,除了洗礼之外没有其他仪式。荷兰第二次宗教改革与英国的清教和德国的虔敬派相呼应,同门派的激进主张反对国家教会,提倡以《圣经》信仰和宗教道德为准绳的政治自由。斯宾诺莎1660—1663年在莱茵斯堡参加同门会的读书会,他的观点被会众深入探究,出现了支持和反对两派。支持派以商人约翰·布莱登伯格为首,反对者以书商法兰西斯·库帕为首,后者写了《被揭开的无神论秘密》反击斯宾诺莎派。

斯宾诺莎的密友德·维特是第二次宗教改革期间共和派的领袖,执政时曾颁布限制总督奥伦治的法案。为了支持共和派的政治主张,斯宾

---

[1] Edward Feld, "Spinoza the Jew", in *Modern Judaism,* 1989, 9 (1), pp. 101-119.

[2] Graeme Hunter, "Spinoza: A Radical Protestant?" in *The Problem of Evil in Early Modern Philosophy*, ed. E. J. Kremer, University of Toronto Press, 2001, p. 60.

诺莎搁置了《伦理学》的写作，完成《神学政治论》，发表后立即被政府、国家教会和天主教会所谴责和禁止。德·维特在1672年被支持君主派的狂热国教信徒所杀害。斯宾诺莎虽然完成《伦理学》，但不能出版，只能在通信中表达自己的思想。

3.《书信集》大多数信件内容是斯宾诺莎与他人交流和论辩《圣经》和神学问题，从中可以看出他坚持的是基督教信仰，尤其是新教信仰。他在第76封信中，针对天主教徒对《神学政治论》的攻击，回答说："路德宗、改革宗、门诺会以及其他宗教信仰的人中间"，也有许多"公正而仁爱地崇拜上帝的非常诚实的人们"；"神圣的生活不只是在罗马教会里才有，而是为所有教会共同具有的"，通过《使徒行传》可知"我们寓于上帝之中，上帝也寓于我们之中"。[1] 耶稣和使徒使世界皈依基督教，这不仅是对罗马天主教的有力证明，而且也适用于"对所有那些称我们自己为基督徒的人（for all who call ourselves Christians，莱布尼兹手抄本：pro omnibus qui Christianum nomen profitemur）"[2]。这封信中的第一人称表明，斯宾诺莎无疑把自己列入虔诚的、受圣灵感染的基督徒行列。

斯宾诺莎还说，使徒的事迹证明，"无知无识的普通老百姓几乎能使整个世界皈依基督教"。他不否定其他宗教的信徒也能得到拯救："土耳其人及其他异教徒，如果他们以对邻邦的公正和仁爱来崇拜上帝，那么我相信他们就有基督徒的良心，能够被拯救。"[3]

斯宾诺莎说，《神学政治论》的基本原则是"《圣经》只能由《圣经》解释"[4]。他在《神学政治论》这本书正式宣告，《圣经》包含的"我们明确信仰的标准"（194），共有七条：

---

[1]《斯宾诺莎书信集》，商务印书馆2017年版，第323页。
[2] *Spinoza's Correspondence*, trans. and ed. A. Wolf, London, 1966, Cass. Reprint of 1928.
[3] 斯宾诺莎：《斯宾诺莎书信集》，商务印书馆2017年版，第326、212页。
[4] 同上书，第326页。

I. 有上帝，也可以说最高的存在，极其公正与仁慈，是纯正生活的模范；凡不知或不信其存在的人都不能顺从他或知道他是一个审判者。

II. 他是唯一的，无人能疑这个教义为纯乎对上帝虔敬、景仰与爱所绝对必需的。因为虔敬、景仰与爱是源于超于一切别的之上的一。

III. 他是无所不在的，也就是万物都容纳他。因为若是认为有什么事物可以隐蔽或为他所不知，我们也许怀疑或不知道他那指挥万物的判断是公正的。

IV. 他有最高权统治万物，他凡百施为不是由于被动强迫，而是由于他的绝对的命令与恩惠。万物都必须听命于他，他不须听命于任何东西。

V. 崇拜上帝只是在于行公正与博爱，即爱人。

VI. 凡以顺从上帝为生活方式的人都能得救，并且只有这些人得救；其余那些耽溺于快乐之中的人都要沉沦。如果我们不相信这个，就没有理由要顺从上帝而不纵情享乐。

VII. 最后，上帝赦免悔过的人的罪。没有人能免于罪，所以若没有这个信念，都要对得救绝望，并且也没有理由相信上帝的仁慈。（198—199）[1]

这七条信仰告白，是各个时期"标准的"基督教信仰。有论者认为，宗教改革是"告白化"（Konfessionalisterung）的时代，新教各派和天主教都用告白的方式宣告各教派及其政治共同体的信念。[2] 斯宾诺莎说，他所告白的教义"没有为（大写的）教会留下争论的余地（nullum

---

[1] 本章括号内数字是斯宾诺莎《神学政治论》（商务印书馆 1997 年版）的页码。
[2] Wolfgang Reinhard, "Reformation, Counter-Reformation, and the Early Modern State: A Ressesment", in *Catholic Historical Review*, 1989, 75(3), p.390.

locum controversiis in Ecclesia relingui，即在教会中就不会再发生争执了）"。在斯宾诺莎的信仰告白面前，现在谁有理由可以指责（或赞扬）斯宾诺莎是无神论者或伪装的、半心半意的宗教信仰者呢？

4. 斯宾诺莎对天命论和拯救赎罪教义的理解，与加尔文主义相吻合。在《书信集》中，斯宾诺莎反复解释神的命定与人的罪恶为什么相容。他说："我们之所以是不可宽恕的，是因为我们是在神的权力之中，就像泥土在陶工的手中一样。"[1]加尔文正是使用保罗关于陶工和陶器的比喻来说明预定论的。斯宾诺莎"用同样的意义来理解"："没有一个人可以因为上帝给了他软弱的本性和无能的心灵而责备上帝，因为一个心灵软弱的人抱怨上帝不给他力量……就像一个圆抱怨上帝不给它球体的性质，或者一个孩子为胆石所痛就抱怨上帝没有给他一个健康的身体，是同样荒谬的。"[2]

按照斯宾诺莎的哲学解释，神是绝对完满的本质，"既然罪孽无非只是指不完满性，所以罪孽就不能存在于任何表现本质的事物之中"[3]；"那些构成邪恶、错误或罪恶形式的东西并不存在于任何表现本质的事物里，因而我们不能说神是它们的原因"[4]。人对神有没有清晰的观念决定了他们是不是有追求上帝的欲望："敬神的人的这种欲望必然是从他们关于他们自身和神的清晰知识而来的。因为偷盗的人没有这种欲望，他必然缺少这种关于神和他自己的知识，也就是说，他必然没有这种使我们成为人的主要东西。"这里所说的两个"必然"指的是"一切事物和一切行为都服从命定的必然性"。[5]"爱神"的必然性与其他被称为恶的东西的必然性是对立的，"因此它们不可能在同一主体里存在"，虽然斯宾诺莎承认"我不知道神从无限多个方法中选取哪一种方法来决定您如此

---

[1] 斯宾诺莎：《斯宾诺莎书信集》，商务印书馆2017年版，第330页。
[2] 同上。
[3] 同上书，第92页。
[4] 同上书，第133页。
[5] 同上书，第136、318页。

行为"[1]。(这些话犹如用抽象语言表述加尔文的"双重预定论")

荷兰加尔文教的多尔德教理没有采用加尔文的"堕落前预定论"。斯宾诺莎在讨论亚当犯罪的原因时,自觉或不自觉地采纳了"堕落前预定论"的解释。他说,亚当犯罪固然出于他的意志和选择,但"我们也不能说亚当的意志和神的意志是敌对的",因为"任何违背神的意志的事物按本性必定是同神的理智相违逆,正如方的圆一样"。斯宾诺莎把堕落前亚当的意志说成是"缺乏","亚当意志之所以是恶,无非只是缺乏一种更圆满的状态"[2]。他在另一封信中区分了"否定"和"缺乏"两个词,缺乏是人的一种思维方式,把一个人过去与现在的状态相比较,判断他的过去是否缺乏现在的善或恶。但是,斯宾诺莎说,人的思维方式不适合于神,"因为虽然神知道亚当的过去状态和现在状态,他却不因此认为亚当丧失了过去的状态,也就是说,神不认为过去的状态是属于亚当的本性,否则神就会设想某种违背他的意志,即违背他自己理智的东西了"[3]。那么,神为什么要禁止亚当吃智慧树的果子,否则亚当就会死呢?斯宾诺莎解释说:"这是为了使亚当的知识更圆满。因此去问神为什么不给亚当一个更圆满的意志,就如同去问他为什么不把所有方形的性质赋予圆一样的背理。"[4]斯宾诺莎的答辩实际上肯定了加尔文的人性观:人类从受造的开始就缺乏对神的完满性的清晰观念,因此亚当必然堕落,人类必然陷入罪之中。

同样,斯宾诺莎相信新教的因信基督而称义的拯救教义。他说:

> 义和慈爱是真正的大公教会信仰的唯一的和最确定的标志,是圣灵的真正成果,有这些就真正有基督,没有这些就没有基督,因

---

[1] 斯宾诺莎:《斯宾诺莎书信集》,商务印书馆2017年版,第136页。
[2] 同上书,第92页。
[3] 同上书,第118页。
[4] 同上书,第94页。

为我们只有凭借基督圣灵才能获得对义和慈爱的爱。[1]

二、斯宾诺莎是自然神论者吗？

1. 英国科学家亨利·奥尔登堡在致斯宾诺莎的信中说：

> 与其说您是在进行哲学家的思考，还不如说您是在做神学家的工作；因为您现在正在撰写关于天使、预言和奇迹的想法。但也许您是在运用一种哲学的方式这样做。但不管怎样，我确信这个工作对于您来说是有价值的。[2]

"正在撰写"的指《神学政治论》，"运用一种哲学的方式"指斯宾诺莎身后才发表的《伦理学》，后一本书似乎是纯粹的哲学著作，而前一本书讨论的是神学主题。

后世读者往往认为两本书不相关，如果有关系，那也是用《伦理学》原理解释《神学政治论》的方法。但最近有学者不同意这样的解读。安各拉·儒丹说，单方面地用《伦理学》来衡量《神学政治论》是不公正的。[3] 维克多·伯劳查德参照《神学政治论》解读《伦理学》，比较两书中的神正论、善恶、天意等问题，得出结论说，两者"没有矛盾或本质上差别"[4]。如前所述，霍布斯认为神的命定不是人的罪恶的原因，而《伦理学》命题附释对人神同性同形论的反驳，同样旨在说明任

---

[1] 斯宾诺莎：《斯宾诺莎书信集》，商务印书馆 2017 年版，第 323 页。译文稍有改动。
[2] 同上书，第 149 页。
[3] Angela Roothaan, "Spinoza relève-t-il de la théologie naturelle?" in *Revue de théologie et de philosophie* 1998, 130(3), p. 270.
[4] Victor Brochard, "Le Dieu de Spinoza", in *Études de philosophie ancienne et de philosophie modern*, Vrin, 1954, pp. 347-361.

何外在的东西或理性都不能影响上帝的意志,因为任何东西都在他之中。附释最后一段还对笛卡尔意志主义的神正论(上帝的意志决定人的善恶)和莱布尼兹理智主义(上帝的先定和谐)作出了不点名的批判。

确实,《神学政治论》和《伦理学》的目的都是在论证热爱和认识神以获得幸福。《神学政治论》说:"宗教唯一的目的是为了人类的幸福。"(224)《伦理学》结尾说:

> 我们可以明白了解我们的得救、幸福或自由何在了,即在于对神之持续的永恒的爱,或在于神对人类的爱,而这种爱或幸福,《圣经》上叫作"光荣"并不是没有理由的。[1]

《神学政治论》和《伦理学》这两本书可以而且应该相互参阅。《伦理学》按照哲学方式和语言来解释宗教主题,而《神学政治论》反过来可以帮助我们理解《伦理学》定理的实际意义和具体应用。

2.《伦理学》对神的抽象论证和附释给读者的印象是斯宾诺莎的"神"等于自然界,而不是基督教的上帝,"斯宾诺莎是自然神论者的结论"油然而生。斯宾诺莎的反对者早已用"自然神论"批判《神学政治论》。对此,斯宾诺莎在《书信集》中答辩说:我对于神和自然,持有一种和那些近代基督徒惯常所主张的非常不同的观点。因为我主张神是一切事物的内在原因,而不是超越的原因。虽然方式不同,我也像保罗,或者甚至像一切古代哲学家一样,主张一切事物都存在于神内,并且在神内运动。但斯宾诺莎强调:"如果有人认为《神学政治论》就立足于这一点,即神和自然(他们把自然理解为某种质或有形物质)是同一个东西,那他们就完全错了。"[2] 这里的关键是区别"内在原因"与"超越原因"。认为万物存在并运动在神之中,这符合基督教和古代哲学的

---

[1] 斯宾诺莎:《伦理学》,商务印书馆2017年版,第261页。
[2] 斯宾诺莎:《斯宾诺莎书信集》,商务印书馆2017年版,第313页。

道理，如保罗说："神，就是众人的父，超乎众人之上，贯乎众人之中，也住在众人之内。"（以弗所书，4:6）斯宾诺莎所说的"超越原因"正相对于保罗所说"超乎众人之上"的神。

按《伦理学》中的区分："神是万物的内因（causa immanens），而不是万物的外因（causa transiens）。"[1]就神与自然的关系而言，斯宾诺莎用了另一对术语："能动的自然"（natura naturans）与"被动的自然"（natura naturata）。他解释说：

>"能动的自然"是指在自身内并通过自身而被认识的东西，或者是指表示实体的永恒无限的本质的属性，换言之……就是指作为自由因的神而言。但"被动的自然"则是指出于神或神的任何属性的必然性的一切事物，换言之，就是指神的属性的全部样式，就样式被看作在神之内，没有神就不能存在，也不能被理解的东西而言。[2]

上帝作为自然的超越原因，是按照自身本质创造自然的自由因；而上帝作为自然的内在原因，存在于自身的"样式"即有形事物和人的观念之中，规定它们的运动变化。自然神论只承认神存在于自然界之中，但不承认神是高于、不依存于自然的创造者和命令者。

《伦理学》第一部分"论神"的主题是论证神是自然的超越的、外在的原因。首先论证神的实体及其本质的唯一、无限、永恒、不动的完满性，继而由神的本质属性导出作为神的样式的事物和观念，然后论证万物依赖神，"自然中没有任何偶然的东西"[3]。在《笛卡尔哲学原理》附录"论创造"章中，斯宾诺莎用他的形而上学解释《旧约·创世记》中上帝"无中生有"的创世。他说，"从无"（ex nihilo）的 ex 说明："创造是

---

[1] 斯宾诺莎：《伦理学》，商务印书馆 2017 年版，第 21 页。
[2] 同上书，第 28 页。
[3] 同上书，第 27 页。

一种活动，在这种活动之中除了致动因之外没有任何原因，或者说，被创造的事物是这样一种事物，它的存在除了神之外，不以任何东西为前提。"[1]至于神按照自己的形象和样式造人，更可被解释为人的观念是神的意志和理智的样式。

3. 基督教信仰的上帝是"三位一体"的神，《伦理学》中没有直接涉及上帝位格的问题，而《笛卡尔哲学原理》附录中明确地说，"认为圣父创造圣子"的看法是"完全错误的"："圣子并不是被创造的，而是像圣父一样永恒的。当我们说圣父永恒地产生圣子时，我们只是想说：圣父永远同圣子分享着他自己的永恒性。"[2]这个理解与《尼西亚信经》中"子受生而非造"，"在创世之前生于父的本性"（ex Patre natum ante om saecula）完全一致。《神学政治论》中明确地说："基督是得救的道路"（25），"上帝借基督对人类作启示"，"基督被打发了来，不只是教导犹太人，而是教导全人类"，"他是执行上帝的职务"（73），"本着基督的精神了解了基督，基督与他合一"（199），等等。这些无疑是按照《新约》阐明上帝、基督和圣灵的"三位一体"。

三、神学—政治问题如何解决？

1. 斯宾诺莎的基督教虔诚信仰被忽视，一个重要原因是《神学政治论》与《圣经》批判思潮相挂钩。《神学政治论》1678年被翻译成法文后，法国神父理查德·西蒙（Richard Simon, 1638—1712）在1682年出版《旧约历史批判》（Histoire critique du Vieux Testament），该书被认为是比斯宾诺莎更普及且更危险的版本，理查德·西蒙因此被驱除出教会和法国。到了现代，《神学政治论》被当作《圣经》历史批判的开创者而

---

[1] 斯宾诺莎：《笛卡尔哲学原理》，商务印书馆2016年版，第185页。
[2] 同上书，第180页。

受到广泛赞扬。

无论攻击者还是赞扬者,都没有认识到斯宾诺莎和霍布斯一样,与《圣经》批判思潮大相径庭。如前所述,《圣经》批判者否认《圣经》是神的启示,而认为其是后人按照不同时代的"生活境况"改写和编定的,因此使人相信《圣经》充满底本的错简、文字混乱和矛盾,怀疑《圣经》的权威。而斯宾诺莎如同宗教改革第一代领袖路德、加尔文、茨温利那样试图净化教会,返回古代而不是创立新教会。

斯宾诺莎认为,错误学说的发明人用盲目、鲁莽的激情来解释圣书,"根据《圣经》的原文来附会他们自己的虚构和言语,用神的权威为自己之助"(106—107)。而使徒则完全不同,"他们是以教师的资格而不是以预言家的资格来传道和写作"(173),每个使徒的教导建立在"截然有别的基础之上"(diversis fundamentis,中译"不同的基础")(176)。比如,保罗主张因信称义,"事实上他讲道的主张完全是预定论的说法";反之,使徒雅各主张因靠行为,不仅靠信心,"把宗教只限于很少数的几个因素",引用《罗马书》说明使徒"把宗教与哲学思辨分开,归结为基督告知追随者最少和最简单的教义"。还比如,斯宾诺莎说,"在使徒们中,做哲学功夫的莫过于保罗了",而其他使徒迁就犹太人"看不起哲学"的脾气,"所传的教与哲学的思辨完全无关"(177)。虽然有这些不同,但宣讲的"本质是道德,正像全部基督教义,可以很容易为所有人的天赋能力所了解"(173)。

2. 列奥·施特劳斯在斯宾诺莎的《圣经》批判中看出了"神学—政治问题"(the theologic-political problem)。按照《斯坦福哲学百科》中的解释,"这主要是关于权威的问题:政治权威的基础是启示还是理性的要求,耶路撒冷还是雅典?通过如此特别的提问方式,施特劳斯从新近的问题深入到西方政治对政治权威的本性、范围和正当性进行反思的历史。君主制的权威来自神权吗?上帝把发动战争以达到宗教目的的权威委托给国王和皇帝等世俗统治者吗?世俗统治者有压制异端的权威吗？违背上帝权威的国家如何保持其权威？自然法的权威归根到底建立在神权的基础上吗？这些和其他问题激发着中世纪和现代哲学家的很多讨论"[1]。

从文本分析来看，斯宾诺莎的确把神学—政治问题当作亟待解决的神学和政治共同的问题，但不以施特劳斯和其他现代学者那样的方式提出和解决问题。斯宾诺莎所谓的神学问题指的是：宗教迷信如何使人不幸？斯宾诺莎说："我所谓命运是指由外界的不能预知的方法，以指导人生的上帝的天命而言"（53），而不幸的根源是"完全出于强烈情绪的变迁，而不是来自理智"的迷信，迷信出于恐惧和想象，"为希望、憎恨、忿怒与欺骗所维系"（10）。迷信的人对于"任何可惊可愕之事他们都认为是神或上帝忿怒所致，以为迷信就是宗教的信仰。认为不用祷告或祭祀以避灾就不算虔诚。在他们的想象中总有这类的预兆或可以惊怪的事出现。好像自然也和他们一样的癫狂"（9）。教会的专横、腐败和解释《圣经》的错误学说增加了迷信和不幸。他尖锐地批判说：

> 每一教堂变成了戏院，雄辩家而不是传道师在里面高声演说，其意不在教诲公众，而在力图招人崇拜敬服，使与自己敌对者为公众所鄙弃。……这种情形当然会引起不少的争论，嫉妒与憎恨。任凭经过多久，也无法和解。无怪旧日的宗教只剩了外表的仪式（连这些仪式，在大众的嘴里，也好像是神的阿谀，而不是神的崇拜）。信仰已经变为轻信与偏见的混合。（12—13）

斯宾诺莎关心政治问题，缘由是迷信"总是为大众所深喜的"。于是，一方面，"自来轻躁没有定见可以招致可怕的战争与革命……对乱

---

[1] Chris Eberle and Terence Cuneo, "Religion and Political Theory", *The Stanford Encyclopedia of Philosophy* (Winter 2012 Edition), Edward N. Zalta (ed.), forthcoming URL = <http://plato.stanford.edu/archives/win2012/entries/religion-politics/>.

民最有左右力量的是迷信";另一方面,"专制政治的秘诀主要是欺骗人民,用宗教的美丽的外衣来套在用以压倒民众的畏惧的外面,这样人民既可英勇地为安全而战,也可英勇地为奴隶制度而战。为一个暴君的虚荣不惜牺牲性命,不但不以为耻,反倒引为无上的光荣"(11)。

神学—政治问题如何解决呢?斯宾诺莎认为,普通民众的拯救不取决于理性,而取决于对《圣经》的服从:"只有启示告诉我们由于上帝的恩惠,顺从是得救的道路,上帝的恩惠是理智所达不到的。"(211)因此,《神学政治论》不是"秘传",没有故意制造矛盾让普通民众看不懂。斯宾诺莎既不对哲学家也不对普通民众说话,他为教士和神学家写作,为他们提供《圣经》宗教的新指南。因为他们对迷信的大众有影响力,可以制止大众对《圣经》的错误解释。

3. 斯宾诺莎的《圣经》解释几乎有着与霍布斯同样的目的。他说:

> 希伯来国之为上帝所选定不是由于这个国家的智慧和心的镇静,而是由于其社会组织和好运获得了优胜权,维持了很多年。这从《圣经》中可以看得十分清楚。(54)

这里蕴含正反两方面的教诲:第一,人们不必从《旧约》中学习关于智慧和心灵的道理;第二,应从中学习以色列人优越的社会组织。

由于人们通常理解《圣经》的方式与《圣经》的教诲恰恰相反,斯宾诺莎用了大部分篇幅(前15章)破除人们对《圣经》记载的先知灵感和启示的迷信,只用5章的篇幅(第16—20章)通过《圣经》诠释来阐述他的社会契约论。篇幅的简约并不能表示内容的次要,它们组成了斯宾诺莎政治哲学的主体。

斯宾诺莎的政治哲学以《圣经》为基础,但他不用哲学的方法解释《圣经》,因为"《圣经》只传授容易为一切人所理解的真理;不是从定义与原理来演绎推断出它的结论,而是把主张很简单地加以陈述"

（187）。其实，斯宾诺莎的"陈述"一点也不简单明了，甚至比他在《伦理学》中的"定义与演绎推理"更为复杂和难以理解。他对《圣经》的正面阐述预设了霍布斯的政治设计的基本概念和问题，以及他本人对《圣经》进行批评考察所得到的政治后果。第16—20章陈述的政治哲学道理是，《旧约》记载的以色列人的政治是社会契约论的历史例证、样板和当代启示。

4. 斯宾诺莎的社会契约论说明了国家的基础与个人的自然权利和公民权利，"而不在意宗教"（ad religionem nondum attendentes）。斯宾诺莎的结论接近于霍布斯，但论证过程大相径庭。

斯宾诺莎认为自然法是"天然的权利与法令"，"自然之力就是上帝之力"，而"自然之力不过是自然中个别成分之力的集合，所以每个个体有最高之权为其所能为"（212）。就是说，"有极大之权以行其欲望之所命，或依欲望的律法的规定以生活。这与保罗的教旨完全是一回事"（213）。保罗的原话是："没有律法，罪是死的。我以前没有律法，是活的；但是诫命来到，罪又活了，我就死了。"（罗马书，7:8—9）保罗所说的"律法"和"诫命"指摩西律法，斯宾诺莎把保罗的话解释为："在律法以前，那就是说，若是人生活于自然的统治之下，就无所谓罪恶。"（213）"无所谓罪恶"的意思是不被裁决的罪恶，而不是没有害处。相反，那是霍布斯所描述的"每一个人对每一个人的战争"，用斯宾诺莎的话说：

> 个人（就其受天性左右而言）凡认为于其自身有用的，无论其为理智所指引，或为情欲所驱迫，他有绝大之权尽其可能以求之，以为己用，或用武力，或用狡黠，或用吁求，或用其他方法。因此之故，凡阻碍达到其目的者，他都可以视之为他的敌人。（213）

与霍布斯不同，斯宾诺莎不相信自然法可以阻碍人们相互伤害，促使他们谋求和平。他说:"人类生来即有之权与受制于自然之律令(大多数人的生活为其所左右),其所禁止者只是一些无人欲求和无人能获得之物,并不禁绝争斗、怨恨、忿怒、欺骗,着实说来,凡欲望所指示的任何方法都不禁绝。"(213)

霍布斯认作第一自然法的"寻求和平"(98),在斯宾诺莎看来是应用于"人性的一条普遍规律"(214),即"两力相权取其大,两害相权取其轻"(215)所产生的一个结果。但是,利害的正确权衡是理智的抉择,而这是受自然权利和法则支配的人无法做到的。斯宾诺莎说出了两点理由:第一,

> 人人都是生而愚昧的,在学会了正当做人和养成了道德的习惯之前,他们大部分的生活,即使他们的教养好,也已消磨掉了。(213)

第二,

> 契约之有效完全是由于其实用,除却实用,契约就归无效。因此之故,要一个人永远对我们守信,那是很笨的,除非我们也竭力以使我们所订的契约之违反于违反者害多于利。(215—216)

斯宾诺莎看到霍布斯理论的两个缺点。第一,按照自然法行事需要运用理智,如果自然人具有运用理智的能力,他们一开始就生活在和平互助的状态中,那就不需要先设定一个自然状态了。第二,即使承认人有天赋理智,可以按照天赋能力订立社会契约,他们的目的是公民的自由。斯宾诺莎说:"最自由的国家是其法律建筑在理智之上,这样国中每一个分子才能自由,如果他希求自由,就是说,完全听从理智的指导。"(218)而社会契约又要求每个人把自己全部的天赋自由转交给一个主权者,"除统治权所认许的权利以外,不承认任何其他权利"

(218)。问题是,绝对统治权与每一个公民所期待的自由权是一对矛盾,在一些人或一些时候得不到预期回报的条件下,如何指望公民服从绝对统治权?面对这两个问题,我们才可理解斯宾诺莎基于《旧约》历史所要解决的"神学—政治问题"。

5. 关于自然状态的存在,斯宾诺莎说:"天然的状态,在性质与时间两方面,都先于宗教。……我们必须把天然的状态看成是既无宗教也无律法的。"(222—223)斯宾诺莎得出结论:

> 我们必须完全承认,神的律法与权利是人用明白的契约同意无论什么事情都听从上帝的时候发生的。并且,用比喻来说,人把天赋的自由让出来,把他们的权利转付给上帝。(223)

最早的政治是神权政治,最高的主权者是上帝,而不是任何世俗君主。第16章结尾引用了《旧约》的两段记载说明:

> 如果统治者是异教徒,我们或是不应该与之订立契约,宁可把我们的生命交出来,也不把我们的权利转交于他;或是,如果订立了契约,把权利转交了,我们应该有遵守不失信的义务。(225)

信徒"不把权利交出来"的例证是天主教次经《马加比传上》5:14—31记载的以利亚撒拒绝服从希腊国王安提阿哥的命令而殉道的故事。信徒把权利交给异教徒统治者的例证是,《但以理书》第3章记载的被掳到巴比伦的犹太人只有3个青年拒绝服从尼布甲尼撒的故事。斯宾诺莎解释说,只有这3个青年确知会有上帝的帮助,因而不服从,而其余的犹太人服从则是因为异教国王的统治是"由于上帝的意图"(225)。

6. 在第17章,斯宾诺莎把《旧约》的先知作者记载的摩西律法解释为以色列人在走出自然状态后与上帝订立的契约。他依据《出埃及记》说，脱离了埃及人的奴役之后，以色列人不受任何契约的约束，"他们处于天然的状态，他们听从了摩西的劝告。他们所信赖的人主要是摩西。他们决定把他们的权利不交付给任何别人，只交给上帝"（231）。斯宾诺莎说，按照摩西律法，

> 只有上帝对希伯来人有统治之权。他们的国家是凭借名为上帝的王国这个契约的。上帝说是他们的国王……民政权与宗教权都是完全由服从上帝而成的，二者完全是一回事。（231—232）

但斯宾诺莎说，摩西律法只是"用比喻来说"的先知表达方式，以色列人名义上把所有统治权都交给了上帝。他说："事实上，希伯来人把统治之权完全操在他们自己之手。"（232）首先，上帝的统治是人人都必须无条件服从的威慑力量，"所有的人都是一样地受契约的拘束"。而且，在上帝面前人人平等，"大家都有均等的权利向神请示，接受与解释他的律法，所以大家对于政府都有一份，完全没有分别"（232）。

在斯宾诺莎看来，以色列人早期建立的神权政治实际上是民主制度，"因为希伯来人没有把他们的权利交付给任何别人，而是像在民主国家中似的把他们的权利都均等地交出来"（232）。摩西是神权政治的最高统治者，"把他们的请示上帝与解释他的命令之权绝对地交付于摩西"（233）。但摩西不是具有绝对权力的君主，相反，他的权力受他的哥哥亚伦及其子孙世袭的祭司们、十二个支派各自推选的指挥官，以及支派成员平等的公民权的制约。而且，最高统治者是在摩西死后推选出来的。斯宾诺莎如此解释以色列人的神权政治：

> 对于他们的上帝和宗教来说，他们同是公民；但是，就一个人对另一个人所有权利而言，他们只是联合到一起的。事实上，他们很像荷兰合众国。（237）

7. 斯宾诺莎指出以色列人的神权政治和当时最民主的荷兰联邦的相似性，可以弥补上述霍布斯政治设计中的漏洞，即绝对统治权与每一个公民所期待的自由权之间的矛盾。斯宾诺莎在《书信集》第50封信中表示：

> 关于您问的，我的政治学说和霍布斯的政治学说有何差别，我可以回答如下：我永远要让自然权利不受侵犯，因而国家统治臣民的主权只有与它超出臣民权力的比例大小相适应的权利（引者按：中译本译作"与它超出臣民的力量相适应的权利"），此外对臣民没有更多的权利。这就是自然状态里常有的情况。[1]

斯宾诺莎认为，无论在自然状态还是在国家中，个人的自然权利都是不可剥夺的，只是因为自然状态下不受约束的自然权利相互为害，人们才同意把或多或少的权利转让给国家行使，但国家由此获得的权力不是绝对的，如同上帝那样。国家的权力越大，意味着每个人交付国家的自然权利越多，那么受国家保护的公民权利也就越多。这就是斯宾诺莎所说的转让与拥有的"比例"。虽然斯宾诺莎和霍布斯一样，用摩西律法作为世俗主权的历史样板，但霍布斯把这个历史样板解释为绝对王权的前身或预兆，而斯宾诺莎则把以色列早期社会解释为各支派的联邦，如同荷兰共和国的榜样。两者的分歧蕴含着近代政治哲学中绝对主义和共和主义的不同取向。但两种取向当时不明显，霍布斯没有否认在不违反国家法律的情况下公民享有的自由权利，斯宾诺莎承认国家的绝对主权。斯宾诺莎比霍布斯更加强调公民对国家主权的参与。他认为公民仍然享有自然状态的那些权利，与他们积极地认识和主动参与他们所认可的国家主权所能分享的自由权，存在着几何学的比例关系。这个政治哲

---

[1] 斯宾诺莎：《斯宾诺莎书信集》，商务印书馆2017年版，第227页。译文有改动。

学原理，与《伦理学》中通过理智所证明的神是必然的整体，而个人心灵的自由是对必然的认识的原理，可谓殊途同归。

8. 斯宾诺莎对以色列人王国教训所作的总结，从反面表明他对神权政治和民主政治联系的正面评价。第 18 章说明，自从以色列人放弃神权政治而采用君主制之后，君主的世袭和集权企图取代了神权政治的权威，但却造成最高统治权的分裂和内战。国王出于好大喜功的私欲而发动战争，祭司趁乱篡夺王位，自称先知的人肆意损害国王权威，人民习惯于君主制，即使在祭司和先知煽动下弑乱，也不过是改朝换代，用一个暴君代替另一个，"人民为国家的利益一事无成"（257）。一方面最高统治权丧失了神权的完整权威，分裂为国王的政治专制和祭司的思想专制；另一方面对神虔敬的人民堕落为专制下的愚民，他们原先享有的平等和自由的公民权也丧失殆尽，神权政治于是和民主政治同归于尽。

斯宾诺莎所作的概述基本符合《圣经》中《列王纪》《历代志》记载的以色列人两个王国的历史。他说：

> 我们可以断定，《圣经》所教的神律传到我们现在是没有讹误的。除此以外，有几件事实我们可以确信是忠实地传下来的。例如，希伯来史里主要的事情，这些事情是任何人都很熟悉的。

他还确定"凡是伪造或错误之处只能是与细目有关的"（186）。斯宾诺莎从《旧约》中确定摩西开始的以色列人的政治制度和沿革是真实可靠的，而他在其中考证的"伪造或错误之处"只是"细目"，不影响他依据"希伯来史里主要的事情"所总结出的道德政治学说。

9. 斯宾诺莎肯定以色列早期政治制度的目的并不是为了复古改制，用他的话来说，"虽然我们心目中的希伯来人的联邦可以永久延续，现在却无法对此联邦加以模仿，而且如此去做也是不合适的"（250）。但他认为学习这个制度的优点及其瓦解失败的教训是有益处的。第 19 章根据神权政治的优点和失败教训提出执掌统治权的人有裁决宗教问题之权，并说"有些人要把世俗之权与宗教权分开"的主张"毫无价值，不值一驳"（264）。第20章根据以色列人自由"联邦"的优点和失败教训，提出每个人宗教自由和思想言论自由是"不能割让的天赋之权"（270）。就是说，在当时的历史条件下，斯宾诺莎只是把公民积极参与国家权力的自由权归结为宗教和思想言论的自由。在此意义上，路易斯·弗尔把斯宾诺莎的社会契约论定性为自由主义的一个来源，但他也承认，斯宾诺莎的政治哲学和现代自由主义不同。他说，斯宾诺莎在当时条件下没有选择，只能"否定政教分离的学说，使国家有驾驭宗教一切事务的主权。今天的自由主义使政教分离成为关键原则。但在斯宾诺莎时代，在社会组织处于暴力冲突之中时，多元妥协的观念是不可想象的"[1]。我们在文本诠释中已经证明，斯宾诺莎和霍布斯一样，他们的思想虽然标志着近代政治哲学的开端，但思想基础不是后来才出现的民主政治和自由主义，而是经过批判吸收的《圣经》神权政治。具有民主政治的哲学直到宗教改革后期的洛克那里才见端倪。

---

[1] Lewis Feuer, *Spinoza and the Rise of Liberalism*, Boston, Beacon Press 1958, p. 98.

第五章　洛克的政治哲学

一、洛克的信仰与政治哲学关系问题

约翰·洛克（John Locke, 1632—1704）的学说由三类著作组成：政治哲学的著作，包括《政府论》（1689）、《自然法论文集》（1664）、四封《论宽容的信》（1667, 1689, 1690, 1694）；知识论，包括《人类理智论》（1690）、《论教育》（1693）、《理解的行为》（1706）；以及《圣经》诠释，包括《基督教的合理性》（1695）和《保罗书信笔记和诠释》（1707）。

对洛克的著作，如同霍布斯和斯宾诺莎的一样，也有"非宗教解释"与"宗教解释"的分歧。我们将两种解释分歧的焦点，归纳为以下三个问题：第一，洛克的宗教信仰到底是什么？第二，洛克的宗教信仰尤其是他的《圣经》诠释与他的哲学尤其是政治哲学有无直接的、必然的联系？第三，如果洛克的政治哲学与宗教和神学有某种间接关联，这是否影响了他的论证的自洽？

1. "非宗教解释"在第一个问题上承认洛克是有神论者。但是，洛克在《论宗教宽容》中所说的"纯正教会的主要特征的标志"不是基督教会，而是"公民宗教"。[1]早在洛克时代，人们已经把他的宗教观视作自然神论的先驱，约翰·托兰德（John Toland）的自然神论代表作《基督教并不神秘》以洛克为基础。1698年一本匿名小册子写道，怀疑论者和自然神论者是"洛克谦卑的崇拜者"[2]。现代有人继承传统的这个说法，认为《基督教的合理性》主张《新约》中的道德教导超出"所有哲学和人的理智所能达到的，或对不同程度的人所能产生的实际作用"，其实应该叫"基督教的可质疑性"更恰当；[3]"洛克哲学逻辑地引向怀疑论"，"洛克的《基督教的合理性》是向自然神论者发出的信号"[4]。更有影响的是施特劳斯派的解释，他们认为洛克的《圣经》诠释不过是批判和改造基督教社会的"特洛伊木马"，削弱传统基督教的基督教，把对神圣法的信仰转变为牟利的伦理，如同霍布斯是"无神论道德"，赤裸裸地以个人利益为基础。[5]

在第二个问题上，当代自由主义者大多认为洛克的政治哲学与宗教没有关联。《政府论》上篇对《圣经》的解释只是针对菲尔麦，仅限于当时的历史环境，早已过时，在现代应被废弃。虽然有些自由主义者仍承认《政府论》是开山之作，现代世俗主义却放弃了对洛克政治哲学的继

---

[1] Aaron L. Herold, "The Chief Characteristical Mark of the True Church: John Locke's Theology of Toleration and His Case for Civil Religion", in *The Review of Politics*, 2014(76), pp. 195-221.

[2] F.B., *A Free But Modest Censure of the Late Controversial Writings and Debates of the Lord Bishop of Worcester and Mr. Locke*, Text Creation Partnership, 1698, p. 10.

[3] Michael S. Rabieh, "The Reasonableness of Locke, or the Questionableness of Christianity", in *Journal of Politics*, 1991, 53(4), p. 939.

[4] Roland N. Stromberg, *Religious Liberalism in Eighteenth-Century England*, Oxford University Press, 1954, pp.17, 19.

[5] 施特劳斯派的文献主要有：Leo Strauss, *Natural Right and History*, Chicago University Press, 1953, chap. 5; Ross J. Corbett, "Locke's Biblical Critique", in *Review of Politics,* 2012, 74(1), pp.27-51; Robert Faulkner, "Preface to Liberalism: Locke's First Treatise and the Bible", in *Review of Politics,* 2005, 67(3), pp.451-472; J. Judd Owen, "Locke's Case for Religious Toleration: Its Neglected Foundation in the Essay Concerning Human Understanding", *Journal of Politics,* 2007, 69(1), pp. 156-168; Thomas L. Pangle, *The Spirit of Modern Republicanism: The Moral Vision of the American Founders and the Philosophy of Locke*, Chicago University Press, 1988; Michael P. Zuckert, *Launching Liberalism: On Lockean Political Philosophy,* University Press of Kansas, 2002, chap. 6。

承权。[1]

在第三个问题上,"非宗教解释"论者或者认为《政府论》下篇中关于财产权、公民同意和反抗等问题上的论证可以自洽而无须诉诸信仰;或者认为其充满矛盾和不一致,而这些逻辑上的悖论与洛克所受宗教影响有关,并进一步认为洛克提倡的"绅士伦理"需要一个惩恶扬善的上帝,但洛克的经验论无法论证这样上帝的存在,有感于理性的局限,洛克晚期转向《圣经》诠释,获得心灵的慰藉。[2]

2. "宗教解释"论者认为洛克的基督教信仰与他同时代英国思想家一样是真诚的,但在他的信仰和归属什么教派的问题上有各种不同说法。《基督教的合理性》出版后即被热忱的布道家爱德华兹指责为索齐尼派[3],连莱布尼兹也持这样的看法[4]。有些正统派则认为洛克持上帝一位神论立场。[5] 这些观点延续到现代,虽然现代学者不再把索齐尼派或上帝一位神论看作异端,而在正面或中性的意义上评估洛克的基督教信仰。[6] 还有人从洛克所受教育、周围的同道、《政府论》的思想资源,以及他的政治哲学的影响面,证明洛克是加尔文主义者。[7] 从洛克的实际身份和思想看,一般认为他是英国安立甘宗的自由宽松派(Latitudinarian)。[8] 蒙特塞莱特·赫拉罗最近说,尽管有加尔文派、阿米尼乌派、索齐尼派、上帝一位神论和自由宽松派这些不同的解释,洛克的《圣经》解释与他

---

[1] George Kateb, "Locke and the Political Origins of Secularism", *Social Research*, 2009, 76(4), p. 1033.

[2] John Dunn, *The Political Thought of John Locke,* Cambridge University Press, 1969, pp.94-95; Locke, Oxford University Press, 1984, pp. 187,193-194.

[3] John Edwards, *The Socinian Creed*, London, 1697, p.125.

[4] Nicholas Jolley, "Leibniz on Locke and Socinianism", in *Journal of the History of Ideas*, 1978(39), pp. 223-250.

[5] Maurice Cranston, *John Locke: A Biography*, Macmillan, 1957, p. 390.

[6] Herbert McLachlan, *The Religious Opinions of Milton, Locke, and Newton,* Manchester University Press, 1941, pp. 69-114.

[7] Herbert D. Foster, "International Calvinism through Locke and the Revolution of 1688", in *The American Historical Review*, 1927, 32(3), pp. 475-499.

[8] Dewey D. Wallace, "Socinianism, Justification by Faith, and the Sources of John Locke's *The Reasonableness of Christianity*", in *Journal of the History of Ideas*, 1984, 45(1), pp. 49-66.

的基督教信仰、知识论和语言哲学不可分割，由于他的解释把《圣经》从超自然启示转变为理性的自然启示，这也在他的哲学中造成了一些悖论。[1]

一些学者认为洛克的政治信念来源于他的宗教信仰。[2] 约翰·比德勒认为，洛克在《人类理智论》中构建对传统启示的新理解，指导科学、人类事务、道德和宗教。[3] 理查德·阿舍拉夫说："洛克的首要承担是基督教信仰的特定原则，在此语境中才能把握《人类理智论》的观点。"他还说，如果洛克攻击"传统宗教的戒律"，只是因为他认为这些戒律不足以维护基督教的基础，"只要天赋观念的旧基础被更确定的基础所取代，基督教的上层建筑比任何时候都强有力"[4]。阿舍拉夫认为，《政府论》的激进自由主义也需要在洛克宗教观和圣经观的框架中得到理解。[5] 詹姆士·杜莱也强调基督教仁爱在《政府论》中的重要性。[6] 詹姆士·瓦尔德容的《上帝，洛克和平等》一书的副标题"洛克政治哲学的基督教基础"点明了主题，他用《人类理智论》中的人的"类概念"和理性为前提，以《政府论》的权利平等观为中心，统摄洛克政治哲学整体。[7] 他的观点引起了热议，有人同意说洛克对人类自由和平等的承担扎根于他的基督教信仰[8]；有人批评阿舍拉夫和瓦尔德容把洛克政治哲学

---

[1] Montserrat Herrero, "The Philosophical Bible and the Reformation: The Case of John Locke", in *Hispania sacra,* 2018(70), pp. 75-83.

[2] Greg Forster, *John Locke's Politics of Moral Consensus,* Cambridge University Press, 2005. Kim Ian Parker, "The Biblical Politics of John Locke", *Canadian Corporation for Studies in Religion,* 2004; Victor Nuovo, ed., *Writings on Religion,* Oxford 2002; John Dunn, *John Locke,* 1969.

[3] John C. Biddle, "Locke's Critique of Innate Principles and Toland's Deism", in *Journal of the History of Ideas,* 1976(39), pp. 411-417.

[4] Richard Ashcraft, "Faith and Knowledge in Locke's Philosophy", in John W. Yolton, ed, *John Locke: Problems and Perspectives,* Cambridge University Press, 1969, pp. 194, 198.

[5] Richard Ashcraft, *Revolutionary Politics and Locke's Two Treatises of Government,* Princeton University Press, 1986.

[6] James Tully, *A Discourse of Property: John Locke and His Adversaries,* Cambridge University Press, 1980.

[7] Jeremy Waldron, *God, Locke, and Equality,* Cambridge University Press, 2002.

[8] Paul E. Sigmund, "Locke's Religion and the His Interpretation of Political Thought", in *American Political Science Association Annual Meeting,* 2003(9).

与宗教信仰挂钩，他们认为洛克的自然权利观是自足的，不需要基督教信仰的辩护。[1]

不少论者认为，洛克从《圣经》文本，特别是从《创世记》第1、2章、十诫（出埃及记，20）、黄金法则（马太福音，7:12）中，得出他的政治理论的基本概念。耶稣的教导（例如他的仁慈教义，马太福音，19:19）和使徒保罗的书信。[2] 十诫把人的生命、荣誉、尊严和财产置于上帝的保护之下。自由是《旧约》的另一个主题，例如，上帝把以色列人从埃及奴隶制中解放出来的行动。此外，洛克还从《创世记》1:26—28中衍生出基本的人类平等，把"亚当和夏娃"是神的形象作为两性平等的出发点。[3] 对洛克而言，政府需要被统治者的同意。[4] 洛克从《圣经》文本——生命、平等、私有财产等——中推导出他的人和伦理观念的基本方面，他只是作为一个哲学家对《圣经》观点的后果进行理性考察。

3. 为了理解洛克的宗教信仰，有必要回顾英国宗教改革时期复杂的教派关系。洛克生活在英国宗教改革晚期，安立甘宗的国教分保皇贵族的"高教会"和下层民众的"低教会"，以及中产阶层的"广教会"，低教会和广教会中有不少人是加尔文派。在安立甘宗之外，长老会和抵制国教的清教徒是名副其实的加尔文派，而索齐尼派和上帝一位神派是从后期加尔文派中分裂出来的，但还保持着与加尔文派的联系。

洛克的信仰活动属于安立甘宗的"广教会"，这个教会由受教育程度较高的人组成，其中中坚力量是自由宽松派，由虔诚的学者、有学识的教士和律师组成。他们有广泛的社会影响和国际联系，与已经国际化的加尔文宗各个派别在思想和组织上联系密切。洛克具备了所有这些特征，因此他前后期的多方面思想与宗教改革后期各派都有联系。

---

[1] Michael P. Zuckert, "Locke: Religion, Equality", in *The Review of Politics,* 2005, 67(3), pp. 419-431.
[2] Jeremy Waldron, *God, Locke, and Equality*, Cambridge University Press, 2002, pp. 22-43, 45-46, 101, 153-158, 195, 197.
[3] Ibid., pp. 21-43.
[4] Ibid., p. 136.

有论者认为，洛克的宗教轨迹始于加尔文主义，但是到 1695 年之后，洛克不仅提倡索齐尼主义的宽容观点，而且提倡索齐尼主义基督论。[1] 然而，温赖特指出，1707 年发表的洛克的《圣经》释义中，对一首诗的解释（《以弗所书》1:10），可能表明洛克在生命的末期回到了更接近阿里乌派的立场，从而接受了基督的预存。[2] 历史学家约翰·马歇尔认为洛克的基督观结束于"索齐尼主义和阿里乌派之间"[3]。瓦尔德容认为，洛克始终不能肯定全人类的原罪，所以被指责为索齐尼主义、阿里乌派和自然神论。但洛克没有否认恶的现实，认为人类可以发动不公正的战争和犯罪，要求罪犯必须受到惩罚，甚至死刑。[4] 他还认为，洛克的《圣经》解释是非常保守的，他保留了《圣经》字面灵感的教义，承认《圣经》记载的奇迹证明了上帝启示的神性，洛克在全部著作中确信《圣经》的内容都符合人类理性。尽管洛克提倡宽容，但他敦促当局不要容忍无神论，因为他认为否定上帝存在将动摇上帝规定的社会秩序，导致混乱。洛克的学说排除了所有无神论的哲学变种，排除了从纯粹世俗的前提，例如人的"自主或尊严或人类繁荣"中推导伦理学和自然法的企图。在洛克看来，关于上帝存在的宇宙学论证是有效的，他的政治思想是建立在"基督教新教徒的特定假设"之上的。[5] 邓恩等人认为，洛克如同其他两位非常有影响力的自然法哲学家雨果·格劳修斯和塞缪尔·普芬多夫一样，把自然法与《圣经》的启示等同起来。他们都深信自然法和《圣经》启示都起源于上帝，因此不能互相矛盾。[6]

---

[1] John Marshall, *John Locke: Resistance, Religion and Responsibility*, Cambridge University Press, 1994, p. 426.

[2] Arthur W. Wainwright, ed. *The Clarendon Edition of the Works of John Locke: A Paraphrase and Notes on the Epistle of St. Paul to the Galatians, 1 and 2*, Clarendon Press. 1987, p. 806.

[3] Ibid.

[4] Jeremy Waldron, *God, Locke and Equality*, Cambridge University Press, 2002.

[5] Ibid., pp. 13, 217ff.

[6] 参阅 John Dunn, *The Political Thought of John Locke: A Historical Account of the Argument of the "Two Treatises of Government"*, Cambridge University Press, 1969; M. Elze, Grotius, Hugo, in *Die Religion in Geschichte und Gegenwart*, Auflage, Band II, 1958; H. Hohlwein, Pufendorf, Samuel Freiherr von, *Die Religion in Geschichte und Gegenwart*, Auflage, Band V, 1961.

二、谁应当拥有权力？

1. 对洛克的政治哲学，现在研究者众说纷纭，但大家都不能否认的事实是，洛克政治哲学是1688年"光荣革命"的理论总结。正如《政府论》"序言"开始便说，这本论著的"命运"（fate）是，全书

> 本该填补的中间环节（should have filled up the middle），但现在已经不必告知读者了。这是因为："这些完成的部分，我希望足以建立起我们伟大的复兴者威廉国王的王位；足以在人民的一致同意下履行他的头衔，即作为所有合法政府中的唯一一个，他拥有比基督教世界里的任何君主都更加完全且明显的头衔并向世界证明，英国人民在奴隶制和毁灭即将来临的时刻，用决断保存了他们热爱的正义和自然权利，拯救了国家。[1]

这一段阐明了《政府论》的历史意义在于，它向世界表明，在宗教改革中产生的所有合法的基督教王国中，只有英国政府充分代表人民的"正义和自然权利"。在此意义上，我们把"光荣革命"当作从1517年路德发动的宗教改革运动的"终结"（Ausgang），或者说"出路"，不难看出，宗教改革运动的"出路"是18世纪的启蒙运动。

如果把洛克的政治哲学看作从宗教改革向启蒙运动过渡的一条道路，那么可以理解当代研究者分歧的关键所在。从启蒙思想的角度看，洛克现在被视为西方民主制度和自由主义的开创者，但他的自由主义与

---

[1] 中译本没有这段"序言"，现根据英文原文翻译。原文为："These, which remain, I hope are sufficient to establish the throne of our great restorer, our present King William; to make good his title, in the consent of the people, which being the only one of all lawful governments, he has more fully and clearly, than any prince in Christendom; and to justify to the world the people of England, whose love of their just and natural rights, with their resolution to preserve them, saved the nation when it was on the very brink of slavery and ruin."

当代自由主义不可同日而语，因此即使在自由主义阵营内部也没有一个一致的说法。从新教神学的角度看，洛克政治哲学的意涵与神学家没有直接联系，或者说，没有"神学—政治"问题的导向；而他的《圣经》诠释比霍布斯和斯宾诺莎更加趋于基督教自身的"合理性"，而不是政治哲学的立论基础。这两个角度相互交叉，以及各个角度看法的不同，造成洛克哲学研究错综复杂的格局。

2. 罗伯特·弗尔克纳在《自由主义的序言：洛克〈政府论〉上篇和圣经》一文说，《政府论》上篇被研究者普遍低估了。他说："上篇对洛克的自由主义比通常相信的要重要很多，它不但是他论宽容和基督教著作的前提条件，那些著作提倡服从公民政府原则和公民利益的自由宗教；而且是下篇的前提条件。"[1]我们赞同这个判断。但他在详尽考察上篇的意义时得出结论却有存疑。他说，在上篇中，"菲尔麦的'基础'被'发觉'和'颠覆'，如同副标题所说；《圣经》的上帝是基础，它要求的是胜利，而不是批驳"，但下篇"似乎是按照推理的新标准进行的社会政治研究"，《政府论》这篇"论文似乎致力于一个人为的体系，满足人的必需，削弱人对一个神圣护理者的热望"[2]。这个结论与作者开始宣称的上篇是下篇"前提条件"的结论不符合：如果洛克认为"神圣护理者是《圣经》的上帝"是前提，那么文章作者认为《政府论》全篇似乎削弱了上帝的结论如何能成立呢？

的确，《政府论》的上篇和下篇不能简单地被当作反驳和论证两个部分，全书旨在解决同一个问题，这就是：

> 从古到今，为患于人类，给人类带来城市破坏、国家人口绝灭以及世界和平被破坏等绝大部分灾祸的最大问题，不在于世界上有

---

[1] Robert Faulkner, "Preface to Liberalism: Locke's 'First Treatise' and the Bible", in *The Review of Politics*, 2005, 67(3), p. 451.

[2] Ibid., p. 472.

没有权力存在,也不在于权力是从什么地方来的,而是谁应当具有权力的问题。

如果这一点还有争论的余地,其余一切便没有什么意义了。(上89)[1]

我们看到,霍布斯和斯宾诺莎都在上帝是最高主权者的《圣经》前提下,论证国家主权者负有保护人的权力,为此也要有管辖教会的权力。但是,洛克虽然也诉诸《圣经》权威,却不能沿用霍布斯和斯宾诺莎的《圣经》解释。洛克要解决的"谁应当具有权力"的问题,已不是教权还是王权的问题,而是王权自身的合法性问题。

3. 霍布斯和斯宾诺莎把上帝当作最高主权者,主张王权按照自然法来自上帝的主权,洛克也接受这样的主张。按照英国宗教改革通过的《至尊法案》,英国国王是教会首脑或"管理者"。洛克在早期《自然法论文集》中写道:

因为关乎神圣启示的确定的知识仍未为大多数人所把握,除了自然法,他们没有其他既神圣且本身兼有约束力的法则;因此,如果废除自然法,也就同时将整个国家、一切权威、规则和友谊从人类当中根除了。因为我们不应当只是出于恐惧而效忠君主……而应出于良心去服从君主,因为他拥有对我们发号施令的正当权利。[2]

但是,时局变了。英王詹姆士二世积极复辟天主教统治,一切坚持宗教改革的派别和力量希望詹姆士二世死后的合法王位继承人是他的女婿——新教徒荷兰王子威廉。但1687年詹姆士二世的儿子出生,英国宗教改革斗争的焦点转向国王的儿子是否有权统治的问题。洛克的对手菲

---

[1] 本文洛克引文后括号中的数字系《政府论》上下篇商务印书馆1997年版的页码。
[2] 洛克:《自然法论文集》,商务印书馆2014年版,第53—54页。

尔麦爵士是国教"高教会"和国会保皇党，为了剥夺安立甘宗和加尔文宗等反对派的抗议权利，他别出心裁地从《创世记》中引申出亚当及其子孙的父权是神授统治权，因此可证在当时条件下英王合法继承人是儿子而不是女婿。

4. 霍布斯和斯宾诺莎的《圣经》解释都把摩西律法作为自然法的样板，洛克为了反驳菲尔麦，其《圣经》解释的起点是《创世记》。洛克和菲尔麦争论的焦点是《创始记》中上帝造人时的一段话："神就赐福给他们，又对他们说：'要生养众多，遍满地面，治理这地；也要管理海里的鱼、空中的鸟，和地上各样行动的活物。'"（1:28）菲尔麦解释说，"因此亚当就成为全世界的所有者"（上 21）。洛克用严谨的逻辑和周密的分析说明《圣经》中这句话和其他话语都没有世界和国家的统治权起源于亚当父权的意思，针对"亚当父权制"进行层层递进的四个反驳，正如他在下卷开始总结的那样：

第一，亚当并不是基于父亲身份的自然权利或上帝的明白赐予，享有对于他的儿女的那种权威或对于新世界的统辖权，这正像有人所主张的一样。

第二，即使他享有这种权力，他的继承人并没有权利享有这种权力。

第三，他的继承人们即使享有这种权力，但是由于没有自然法，也没有上帝的成文法，来确定在任何场合谁是合法继承人，就无从确定继承权因而也就无从确定统治权应该由谁来掌握。

第四，即使这也已被确定，但是谁是亚当的长房后嗣，早已绝对无从查考，这就使人类各种族和世界上各家族之中，不可能有哪一个家族比别的更能自称是最长的嫡裔，而享有继承的权利。（下 1）

洛克对《圣经》的解释在逻辑和结论上都无懈可击。现代读者可能会认为洛克不值得为反驳如此愚蠢的言论而花费笔墨；或以为洛克和菲尔麦的论战只局限于当时英王王位继承的问题，现在已无实际政治意义。我们应看到，《政府论》上篇的《圣经》诠释不只是针对菲尔麦的驳论，还有一些肯定性的结论，这些结论为下篇关于自然状态、财产权和社会契约等论述提供了必要的铺垫和前提。

5. 洛克把上帝对亚当和挪亚（创世记，9:2）等人的祝福看作普及人类的恩惠。他说：

> 既然上帝吩咐人类生育繁衍，他自己就应该给予全体人类以一种利用食物、衣服和其他生活必需品的权利——这些东西的原料上帝已为他们作了那样丰富的供应——而不应该使他们的生存从属于一个人的意志。（上 35）

人不仅不受任何人的奴役，"人类确实具有一种'天赋的自由'。这是因为一切具有同样的共同天性、能力和力量的人从本性上说都是生而平等的，都应该享受共同的权利和特权"（上 57）。上帝赐福人类的意义使得洛克得以把普遍恩惠作为人类生存、平等、和平的条件。他说：

> 既然人们都是全能和无限智慧的创世主的创造物，既然都是唯一的最高主宰的仆人，奉他的命令来到这个世界，从事于他的事务，他们就是他的财产，是他的创造物，他要他们存在多久就存在多久，而不由他们彼此之间作主；我们既赋有同样的能力，在同一自然社会内共享一切，就不能设想我们之间有任何从属关系，可使我们有权彼此毁灭。（下 6）

按照洛克解释，人类状态的丰裕、平等、生存、和平，都得益于上帝的赐福。或者说，"上帝是人类的护理者"是人类生存的前提条件。

这个解释可以说是"标准的基督教信仰",尤其是加尔文天命观的一部分。加尔文虽然强调人性败坏和堕落,以及拯救的预定,但同样援引《圣经》,肯定上帝护理世界和人类恩典。加尔文说,属血气之人,

> 以为神起初赐予万物的生机,足以支持它们后存。但有信仰的能深入一层想:既然知道上帝是万物的造物主,就应当立时相信它就是世界万物永远的主宰和保存者,它支持、养活它所创造的万物……没有一个真正相信宇宙是神所造的人,会不信它关怀它自己的工作。[1]

洛克对自然状况的解释与加尔文的普遍恩典论显然相一致,这也是洛克与霍布斯和斯宾诺莎不一样之处。

6. 在《政府论》上篇中,洛克用《圣经》历史说明以色列社会实行父系世袭君主制,只不过并非菲尔麦所谓的"亚当后裔传承制"。洛克在上篇的结尾处说:

> 我们已经看到当时建立的"父权政府的直系继承权"是什么。我现在只要考虑一下这种情况经历了多久,那就是到他们被囚为止,大约有五百年;从那时起到六百多年以后被罗马人灭亡这个时期中,"这个古老而首要的父权政府的直系继承"再一次失去,此后在没有这种权力的情况下,他们仍旧是在上帝赐予的土地上的一个民族;可见,在他们作为上帝的特选民族的1750年之中,他们保有世袭君主政府的时间不到三分之一。然而在这一段时期里,没有一刻有"父权政府的踪迹,也没有重新建立这古老而首要的对父权政府的直系继承权"的迹象。(上137)

---

[1] 加尔文:《基督教教义》(上册),基督教文化出版社1991年版,1.16.1,第116—117页。

在《政府论》下篇中，在用社会契约说明了国家的起源之后，洛克回过头来解释了以色列人代表的人类早期社会为什么实行父权世袭君主制的自然原因。他说，第一种情况是由于父亲和子女、丈夫和妻子家庭地位的不平等而沿袭了父权制：

> 一个家庭逐渐成长为一个国家，父亲的权威由长子承袭下去，在这个权威下长大的每个人默认地对他顺从，而这种统治的顺利和平等并不妨害任何人，每个人都老老实实地表示同意，直到后来通过时间的考验似乎把它确立了，并以法律的形式确定了承继的权利。（下 68—69）

另一种情况是，几个家族"因偶然的机缘"联合起来形成一个国家，为了抵御外敌，把权力交给"一位能干的将军"而生存下来。（下 69）

由于自然原因，"国家的最初创始者们通常把统治权放在一个人的手里"，但是，"无论是哪一种情况使当初统治权属于一人，可以肯定说，它之所以交付给某一个人，只是为了大众的福利和安全"；"假如没有这种保姆式的父亲关心和审慎安排公共福利，一切政府都会因为它们幼年时代的孱弱而消亡，而君主和人民很快就会同归于尽"。（下 69）

7. 在人类的这个"黄金时代"，"在统治者和人民之间不发生关于统治者或政府问题的斗争"，而在此之后，"虚荣的野心、恶劣的占有欲和歪风邪念腐蚀人心，使权力和荣誉的真正意义被曲解"；更为恶劣的是，

> 统治者……想要保持和扩大权力，不去做人们当初授权给他时要他办的事情，加之谄媚逢迎使君主认为具有与其人民截然不同的利益，于是人们发觉有必要更加审慎地考察政权的起源和权利，并找到一些办法来限制专横和防止滥用权力。（下 69—70）

洛克通过历史回顾说明,《政府论》旨在解决的"谁应当具有权力"的问题,不是为了应付当时英王继承权的争论,而是要解决人类政治的根本问题。这个问题在《创世记》中已经提出,但当人类离原初状况越是久远,这个问题越是重大和迫切。

三、自然法和自然权利

1. 洛克与霍布斯、斯宾诺莎一样,认为《圣经》记载的历史是自然法的样板。但洛克对《圣经》记载的以色列人历史的考察,目的不是要证明君主主权来自上帝,而是说明一个社会的管理权来自社会成员,世袭君主制只是早期社会由一个权威者代行的管理权。为了回答"谁应当具有权力的问题",洛克建构了与霍布斯和斯宾诺莎不同的社会契约论。

洛克与霍布斯的不同,首先表现在"自然状态"这个理论建构的起点上。我们看到,霍布斯对自然状态的名言是"人对人是狼"的战争状态,斯宾诺莎虽然没有如此悲观,但也说自然状态是自然法尚不起作用的天然状态。洛克则认为,自然状态是亚当走出伊甸园,但他的后裔享受着上帝赐予丰裕、平等、生存、和平的护理的恩惠状态。洛克把上帝赐予的这些恩惠概括为每个人的自然权利。他说:

> 人们既生来就享有完全自由的权利,并和世界上其他任何人或许多人相等,不受控制地享有自然法的一切权利和利益,他就自然享有一种权力,不但可以保有他的所有物——即他的生命、自由与财产——不受其他任何人的损害和侵犯生命、自由和财产权。(下52)

洛克认为,人在自然状态已经服从自然法而享有"生命、自由和财产权",这是他立论的基础。

2. 洛克和霍布斯都承认人的能力和欲望是平等的。从此前提出发，霍布斯推断，出于自保和恐惧的心理，人会先发制人地发动制服他人的战争；而洛克则推断：

> 在自然状态中，人人都有处死一个杀人犯的权力，以杀一儆百来制止他人犯同样的无法补偿的损害行为，同时也是为了保障人们不受罪犯的侵犯，这个罪犯既已绝灭理性——上帝赐给人类的共同准则——以他对另一个人所施加的不义暴力和残杀而向全人类宣战，因而可以当作狮子或老虎加以消灭，当作人类不能与之共处和不能有安全保障的一种野兽来加以毁灭。"谁使人流血的，人亦必使他流血"，这一重要的自然法就是以上述的情况为根据的。（上5）

洛克的理由是人在自然状态下的平等地位："因为，根据自然在完全平等的状态中，没有人享有高于别人的权利或对于别人享有管辖权"。（上5）

> 因此，如果我要求本性与我相同的人们尽量爱我，我便负有一种自然的义务对他们充分地具有相同的爱心。从我们和与我们相同的他们之间的平等关系上，自然理性引申出了若干人所共知的、指导生活的规则和教义。（下4）

自然状态是自由状态，但自由不等于任意，人人遵守自然法。虽然偶有企图发动战争的侵犯者，但人凭自身可以合法地将其制服和排除。洛克批评霍布斯把自然状态与战争状态混为一谈，他说两者的"明显区别"，"正像和平、善意、互助和安全的状态与敌对、恶意、暴力和互相残杀的状态之间的区别那样迥不相同"。（下12—13）

3. 洛克认为人在自然状态中服从自然法，但"服从"的前提是"知道"。斯宾诺莎认为自然状态中的人有欲望而无理性,因此不能认识自然法。洛克凭什么认为他们能认识自然法呢?《政府论》没有正面回答这个问题,但这是洛克终生思考的问题,他在其他著作中有周全的答案。

《自然法论文集》提出了"自然法能依凭自然之光被认识吗"的问题,答案是肯定的。"自然之光"即"自然赋予的那些能力",它是"自然赐予的礼物和某种与生俱来的特殊恩典"。[1]洛克说,运用这个能力能获得的知识可分为四类:天赋知识、传统和感觉经验,此外还有"超自然的、天启的知识"。洛克与斯宾诺莎不同,否认自然法知识是天赋的知识或从传统习得的。洛克肯定人"通过本性来认识"自然法,而人的本性是感觉经验和理性。感觉经验是自然法知识的来源,"通过感官感知的这些事物,然后人类那特有的理性和演绎论证能力得出并确立起为自身认可的结论:所有这些事物的缔造者是神"。[2]神不仅是感知的外物的创造者,而且也是"以正义的和无法抗拒的命令支配我们的上帝",我们可以反省内心兴高采烈或失魂落魄、悲伤或愉快、痛苦或快乐、幸福或悲惨的情感,"沿着感官认知所展现的路径,理性能引导我们发现某个立法者的知识或我们必须服从的更高权力的知识"。[3]《自然法论文集》没有讨论自然法知识与超自然和天启知识的关系。在《人类理智论》中,洛克讨论了理性和信仰的相辅相成:

> 启示乃是自然的理性,理性在这里,只是为上帝所直接传来的一套新发现所扩大,不过那些新发现仍待理性来证实其为真实,就是理性要借各种证据来证明它们是由上帝来的。[4]

洛克用"眼睛"和"望远镜"比喻理性和启示的关系:"人如果取消

---

[1] 洛克:《自然法论文集》,商务印书馆2014年版,第12—13页。
[2] 同上书,第19、18页。
[3] 同上书,第31—33页。
[4] 洛克:《人类理解论》(下册),商务印书馆2017年版,第752页。

了理性,而为启示让路,他就把两者的光亮都熄灭了。他这种做法正好像一个人劝另一个人把眼睛拔了,以便用望远镜来观察不可见的星体的辽远光亮似的。"[1]

在《基督教的合理性》中,洛克谈到人类理性不足以认识自然法:

> 凭着毋庸置疑的原则和清晰的演绎推理,人类还没有构建出完整的自然法体系。若是把所有哲学家的道德法则收集起来,并和《新约》中的道德原则进行比较,就会发现前者大大逊色于由我们的救主所宣讲并由他的使徒所教导的道德,虽然这一门派的大多数学生都是目不识丁却得到神启的渔夫。[2]

可以说,认识自然法的理性是人人都具有的"眼睛",但需要神启的"望远镜"才能知道自然法的普遍约束力。

4. 洛克和霍布斯一样,承认国家是自然状态中的人共同同意转让他们的自然权利的产物。但是,转让给国家行使的权利有哪些?霍布斯说,转让除去生命权以外的全部权利;洛克却说,生命、自由和财产权这三项自然权利是不可剥夺的,也是不能转让的,转让的只是对财产权的判决和执行权。洛克说:"人们联合成为国家和置身于政府之下的重大的、主要的目的,是保护他们的财产。"(下77)又说:"政治权力是每个人交给社会的他在自然状态中所有的权力,由社会交给它设置在自身上面的统治者,附以明确或默许的委托,即规定这种权力应用来为他们谋福利和保护他们的财产。"(下109)

洛克对"自由"自然权利的定义是:"人的自然自由,就是不受人间任何上级权力的约束,不处在人们的意志或立法权之下,只以自然法作为他的准绳。"在国家中,"除了立法机关根据对它的委托所制定的法律

---

[1] 洛克:《人类理解论》(下册),商务印书馆2017年版,第752页。
[2] 洛克:《基督教的合理性》,武汉大学出版社2006年版,第134页。

以外，不受任何意志的统辖或任何法律的约束"（下 15）。这句话从肯定和否定两个方面规定了人在国家的自由：肯定地说，"处在政府之下的人们的自由，应有长期有效的规则作为生活的准绳，这种规则为社会一切成员所共同遵守，并为社会所建立的立法机关所制定"；否定地说，这是"不受另一人的反复无常的、事前不知道的和武断的意志的支配"。肯定意义的自由是人的社会权利，洛克强调，否定意义的自由是人不可丧失的自然权利，"如同自然的自由是除了自然法以外不受其他约束那样"（下 15）。

在自然状态中，每个人按照自然法可以处死企图剥夺他的生命或自由的人，洛克说：

> 这种不受绝对的、任意的权力约束的自由，对于一个人的自我保卫是如此必要和有密切联系，以致他不能丧失它，除非连他的自卫手段和生命都一起丧失。（下 15）

人在任何情况下都不能丧失自由，如果把自由的自然权利转让给他人，等于把自己的生命置于他人意志的任意支配之下。即使不失去生命，也是"最完全的奴役状况，它不外是合法征服者和被征服者之间的战争状态的继续"（下 16），即是为主人服劳役而随时有被主人剥夺生命的危险。

洛克争辩说，即使愿意，人也无权放弃自己的自由权利。他的论证实际上是一个推论：

> 大前提："谁都不能以协定方式把自己所没有的东西交给另一个人"；
> 小前提："一个人没有创造自己生命的能力"；
> 结论："不能用契约或通过同意把自己交由任何人奴役，或置身

于别人的绝对的、任意的权力之下,任其夺去生命"。(下15—16)

从历史上看,以色列人虽然可以出卖自己当奴仆,但按照神的律法,主人在任何时候都没有剥夺仆人生命的权力。(下16)

5. 洛克说:"在社会中享有财产权的人们,对于那些根据社会的法律是属于他们的财产,就享有这种权利,而他本人并未同意,任何人无权从他们那里拿去他们的财产或其中的任何一部分。"(下87)财产权之所以不能被国家和法律剥夺,因为这也是一项自然权利。洛克用劳动说明财产权的起源。他说,上帝把世界给予人类共有,"让他们为了生活和便利的最大好处而加以利用"。这样就产生了两个后果:一方面,"土地上所有自然生产的果实和它养活的兽类,既是自然自发地生产的,就都归人类所共有,而没有人对这种处在自然状态中的东西原来就具有排斥其余人类的私人所有权";另一方面,供人类使用的东西"必然要通过某种拨归私用的方式,然后才能对某一个人有用处或者有好处"(下18—19)。他接着说明,"某种归拨私用的方式"就是劳动,"劳动在万物之母的自然所已完成的作业上面加上一些东西,这样它们就成为他的私有的权利了"(下19)。一个人加诸自然物的劳动,不管是否改变或在多大程度上改变了自然物的属性,都改变了它们的归属,通过劳动,那些原来人类共同使用的自然物归于劳动者的私人占有物,这就是财产权的起源。

6. 洛克的财产权起源解释开创"劳动价值论"之先河。现在人们对它的很多批评,没有考虑到洛克学说的神学背景。首先,按照《圣经》中"不劳动者不得食"的原则,财产权是通过劳动获得的自然权利。其次,洛克认为上帝赐予人类的自然资源足够充沛,人们不至于为了同一劳动对象而起争端,如同"亚当或挪亚的子孙们起初在世界上居住时的情况"或"在美洲内地的空旷地方进行种植",即使现在世界上人满为患,人仍有通过劳动占有自然物而不损及他人的同样广阔空间。(下

23)再次,"上帝厚赐百物给我们享受"(提摩太前书,6:17),是"神的启示所证实的理性之声",据此,上帝赐予的自然物只是

> 以供我们享用为度。谁能在一件东西败坏之前尽量用它来供生活所需,谁就可以在那个限度内以他的劳动在这件东西上确定他的财产权;超过这个限度就不是他的份所应得,就归他人所有。上帝创造的东西不是供人们糟蹋或败坏的。(下20)

7. 但是,货币的发明和使用改变了"每人能利用多少就可以占有多少"的所有权法则。(下23)洛克说:

> 最初,人们的超过需要的占有欲改变了事物的真实价值,而这种价值便是以事物对人的生活的功用而定的;或者,人们已经同意让一小块不会耗损又不会败坏的黄色金属值一大块肉或一大堆粮食。(下24)

这段话中的"价值"不等于"事物的真实价值",后者相当于马克思《资本论》中的"使用价值",而前者是"交换价值"。价值或是以物易物的交换,或是使用贵金属货币的交易。洛克认为,价值主要是货币价值,货币是"一种人们可以保存而不至于损坏的能耐久的东西,他们基于相互同意,用它来交换真正有用但易于败坏的生活必需品"(下30)。货币流行使得原始公社共同使用的自然物逐渐变成个人占有的财产。洛克说:

> 通过默许和自愿的同意找到一种方法,使一个人完全可以占有其产量超过他个人消费量的更多的土地,那个方法就是把剩余产品去交换可以窖藏而不致损害任何人的金银;这些金属在占有人手中

不会损毁或者败坏。人们之所以能够超出社会的范围，不必通过社会契约，而这样地把物品分成不平等的私有财产。（下31）

洛克认为，劳动是财产权的起源，但财产权最初不一定是私有的、不平等的，只是货币的流行造成了私有的财产权。后来卢梭则把人类不平等的起源归结为"谁第一个把一块土地圈起来，硬说'这块土地是我的'，并找到一些头脑十分简单的人相信了他所说的话，这个人就是文明社会的真正缔造者"[1]。两相比较，洛克的分析更合理，更接近历史事实。

四、社会契约和国家制度

1. 对于自然形成的不平等私有财产权，洛克不是要废除，而是承认它是受政府和法律保护的自然权利。为此，他讨论了自然状态向政治社会过渡的真实原因。在自然状态中，由于私有财产权不平等，两个人会声称对某一事物拥有财产权。当纠纷发生时，由于人人有平等的自由，每一个人同时是原告和法官，又是判决的执行人。这种状况会导致混乱和争夺，造成的严重后果是：非但人们的财产权得不到保障，生命和自由也会受到威胁。

既然财产权纠纷是由于人们在自然状态下享有自由和平等的自然权利，却没有公共权力对财产权进行判决引起的，那么订立社会契约是避免这一冲突严重后果的唯一途径。既然生命权、财产权和自由权都是不可转让、不可剥夺的自然权利，人们同意转让的只是对有争执的财产权自行裁决的权利。

---

[1] 卢梭：《论人与人之间不平等的起因和基础》，商务印书馆2015年版，第87页。

权利的转让意味着权力的放弃。共同同意转让对财产的自行裁决权同时也是对自然状态拥有的个人权力的放弃，每个人同意放弃两种权力："第一种权力，即为了保护自己和其余人类而做他认为合适的任何事情的权力，他放弃给社会"；此外，"一个人处在自然状态中所具有的另一种权力，是处罚违背自然法的罪行的权力"，他也完全放弃了。（下 79）

大家都把这两种权力转让给公共代理人，这个公共代理人的人格就是"独立的社会"（commonwealth），相当于拉丁文 civitas。（下 82）但这个词有歧义。我们可以理解，洛克使用这个词是为了与"主权"相区别。人们（包括霍布斯和斯宾诺莎）都把国家当作主权者。而洛克的社会契约论实际上论证了：只有所有同意转让权力的人民才是合法的主权者，即合乎自然法的主权者；国家只是执行社会契约的代理人，它行使人民授权管理他们同意转让的那部分权力，它的权力的运作不是独立的，而始终受人民主权同意或不同意的制约。在此意义上，它不是一般意义上的国家和政府。洛克明确地说："'Commonwealth'一字，我在本文中前后一贯的意思应当被理解为并非指民主制或任何政府形式而言。"（下 82）而书中的"国家"既可以是合法的也可以是不合法的 Commonwealth。总之，Commonwealth 这个概念的意义是对全书"谁应当具有权力的问题"的回答，"独立的社会"相当于第 7 章论述的"政治的或公民的社会"，它是由人民主权和国家合法拥有的权力共同组成的整体。洛克首先用社会契约论确立了"大多数人自然拥有属于共同体的全部权力"即人民主权，接着在此前提下，回答了国家或政府应当或不应当具有什么权力的问题。

2. 国家的合法性首先指受人民委托制定国家法律，立法权是国家最高权力。按照"谁拥有立法权"的标准，英国是复合政体，即立法权同时属于三种人：

第一，一个世袭的享有经常的最高执行权的个人，以及在一定期间内兼有召集和解散其他两者的权力。第二，一个世袭贵族的会议。第三，假设政府的形式是一个由民选的、有一定任期的代表组成的会议。（下 136）

一般来说，其他国家的立法权只属于这三者之一，它们分别是"纯粹的"君主制、贵族制和民主制。（下 81）

无论立法者是谁，都要服从自然法，因为：

> 自然法是所有的人、立法者以及其他人的永恒的规范。他们所制定的用来规范其他人的行动的法则，以及他们自己和其他人的行动，都必须符合于自然法，即上帝的意志，而自然法也就是上帝的意志的一种宣告，而且，既然基本的自然法是为了保护人类，凡是与它相违背的人类的制裁都不会是正确或有效的。（下 85）

按照自然法和成文法的关系，洛克主张立法权和司法权分开：

> 立法或最高权力机关不能揽有权力，以临时的专断命令来进行统治，而是必须以颁布过的经常有效的法律并由有资格的著名法官来执行司法和判断臣民的权利。因为，既然自然法不成文，除在人们的意识中之外无处可找，如果没有专职的法官，人们由于情欲或利害关系，就会错误地加以引证或应用而不容易承认自己的错误。这样的话，自然法便失去了它应有的作用，不能用来决定那些生活在它之下的人们的权利，并保障他们的各种财产。（下 85—86）

除了立法权，国家还有执行权和对外权。执行权"显然是受立法机关的统属并对立法机关负责的，而且立法机关可以随意加以调动和更换"（下 96）。执行权和对外权虽然是两种权力，但"它们很难分开和同时由不同的人所掌握……把国家的力量交给不同的和互不隶属的人们，几乎是不现实的"，同时强调"执行权和对外权掌握在可以各自行动的人的手中"（下 93），两者都必须服从立法权。这些论述表明，洛克对国家权力的划分和界定，事实上提出立法权、执行权和司法权分立的主张。

3. 洛克把执行权、对外权和立法权分开的理由主要是针对君主的。纯粹的君主制是君主独揽三种权力的绝对权力；在复合制度中，君主参与立法权，"享有经常的最高执行权"，而又有权召集或解散立法机构。

对于纯粹的君主制来说，它是君主专制：

> 每一个专制君主就其统治下的人们来说，也是处在自然状态中。只要有人被认为独揽一切，握有全部立法与执行的权力，那就不存在裁判者；由君主或他的命令所造成的损失或不幸，就无法向公正无私和有权裁判的人提出申诉，通过他的裁决可以期望得到救济与解决。因此，这样一个人，不论是使用什么称号——沙皇、大君或叫什么都可以——与其统治下的一切人，如同和其余的人类一样，都是处在自然状态中。（下 55）

专制君主与人类"处在自然状态中"，是在霍布斯的意义上说的，专制君主先发制人地剥夺了人民的自然权利，既不受自然法也不受成文法束缚。在专制君主统治下，一方面是不受拘束的绝对权力，另一方面是"被剥夺了裁判或者保卫他的权利的自由"的奴隶，两者处于自然状态，实际上是霍布斯所说战争状态，但不是"人对人是狼"，而是一个独裁者对人民是狼，"应该被认为是社会和人类的公敌"。（下 56）

针对专制君主有德性气质和纠正人的劣根性的辩护，洛克说："只要读一下当代或其他任何时代的历史，就会相信适得其反。在美洲森林里横行不法的人，在王位上大概也不会好多少。"（下 56）在专制君主统治下，一方面是被剥夺了"裁判或者保卫他的权利的自由""好像他已从理性动物的共同状态中贬降下去似的""遭受各种灾难与不幸的危险"的人民，另一方面是"又因受人谄谀逢迎以致品德堕落并且掌握着权力的人"。君主对臣民的"慈善"充其量只是"爱他自己"和对爱"做苦工的畜生"的好处。（下56—57）

至于以"保护臣民"的理由为绝对权力辩护的"学说和宗教"，它们同样荒谬。例如，霍布斯以为社会契约产生的绝对权力国家是保护社会成员安全的"利维坦"，洛克讽刺霍布斯说，那不啻说，人们愚蠢到如此地步：他们为了避免野猫或狐狸可能给他们带来的困扰，而甘愿被狮子所吞噬，甚至还把这看作安全。（下57—58）

洛克说，值得追问的问题应该是如何防止和摆脱君主专制的祸害。在专制制度下，提出如何"可以防止这个专制统治者的暴行和压迫，这个问题本身很难容忍"；寻求"怎样可以防御最强有力者之手势必会做出的暴行或者损害，这就立刻成为谋反与叛变的呼声"（下57）。洛克的回答是，以正义的合法的战争结束专制君主与人类的战争状态：

> 他既然抛弃了上帝给予人类作为人与人之间的准则的理性，脱离了使人类联结成为一个团体和社会的共同约束，放弃了理性所启示的和平之路，蛮横地妄图用战争的强力来达到他对另一个人的不义的目的，背离人类而沦为野兽，用野兽的强力作为自己的权利准则，这样他就使自己不免为受害人和会同受害人执行法律的其余人类所毁灭，如同其他任何野兽或毒虫一样，因为人类不能和它们共同生活，而且在一起时也不能得到安全。所以只有在正义和合法战争中捕获的俘虏才受制于专制权力，这种权力既非起源于契约，也不能订立任何契约，它只是战争状态的继续。（下109—110）

4. 洛克遇到的真正难题是：如何对待篡夺了合法权力的暴君？"合法权力"只是最初人民同意或默认的国家权力。在这个问题上，洛克与霍布斯不同，霍布斯认为主权者是与人民订立契约的一方，人民如果反叛，那就是背约，理应受到叛国罪的惩罚。按照洛克的社会契约论，国家统治者不是契约的一方，受人民委托获得国家权力，如果未经委托而获得的权力就是篡夺。外来者对一国的征服也是对被征服人民权力的篡夺，是否正义视征服战争及其后果是否正义而定。洛克说："如果征服可以称为外来的篡夺，篡夺就可以说是一种国内的征服，它与前者不同的是，一个篡夺者在他这方面永远都不是正义的。"更有甚者，

> 就篡夺而论，它只是人事的变更，而不是政府的形式和规章的变更；因为，如果篡夺者扩张他的权力超出本应属于国家的合法君主或统治者的权力范围之外，那就是篡夺加上暴政。（下126）

"超出本应属于国家的合法君主或统治者的权力范围之外"的意义是：

> 统治者无论有怎样正当的资格，如果不以法律而以他的意志为准则，如果他的命令和行动不以保护他的人民的财产而以满足他自己的野心、私愤、贪欲和任何其他不正当的情欲为目的，那就是暴政。（下127）

这就是说，无论获得权力的手段是篡夺还是合法，使用权力的目的和方式都可以是暴政。在此意义上，洛克说，暴政不是合法的君主制的特有缺点，

> 其他的政体也同君主制一样，会有这种缺点。因为权力之所以授予某些人是为了管理人民和保护他们的财产，一旦被应用于其他目的，以及被利用来使人民贫穷，骚扰他们或使他们屈服于握有权

力的人的专横的和不正当的命令之下时，那么不论运用权力的人是一个人还是许多人，就立即成为暴政。（下128）

5. 洛克提出"君主的命令是可以反抗的吗？"这似乎不成其为问题，他不是已经在第7、15章等处明确地论述了推翻专制君主的自然权利吗？第18章是在已经走出自然状态的国家的语境中提出和解决问题。

问题的复杂性在于，对于最高权力而言，"合法"和"篡夺"没有明晰的界限。洛克指出，统治者在合法立法权和执行权之外，还有特权："这种并无法律规定、有时甚至违反法律而按照自由裁处来为公众谋福利的行动的权力，就被称为特权。"（下102—103）由于权力要处理大量偶然和突发的事件，特权没有明确界定，只要人民默认即合法。

问题在于，特权又是容易被滥用的。在合法的君主制中，"最贤明善良的君主享有的特权最大"，人民默认他为人民谋利益的一切行动。但是，如果把贤君看作"神一般的君主，根据专制君主制是最好的政体这一论点，应该享有专断的权力，正如上帝也是用专断权力来统治宇宙一样"，那么"贤君的统治，对于他的人民的权利来说，常常会导致最大的危险"。洛克认为原因在于：

> 如果他们的后继者以不同的思想管理政府，就会援引贤君的行动为先例，作为他们的特权的标准，仿佛从前只为人民谋福利而做的事情，在他们就成为他们随心所欲地危害人民的权利，这就往往引起纷争，有时甚至扰乱公共秩序。（下106）

洛克看到的事实是，一切政治特权都倾向于被滥用，正如历史上父权把特权滥用为专制制度，英国历史上的政治特权也是如此。君主个人的德性不能成为扩大特权的理由，因为个别君主的贤良只是暂时的、不可持续的，而君主滥用特权满足自己的野心和贪欲则是一般的常态。洛克说，只有"人民能恢复他们原来的权利，并宣布这从来就不是真正的特权"（下106）。在合法的政治体制中，人民似乎可以诉诸最高立法机构限制和撤销他们先前赋予君主的特权。

问题的复杂性还在于，最高立法机关也不可靠，也可以滥用权力或被专制君主所控制。洛克说："如果执行机关或立法机关在掌握权力后，企图或实行奴役人民或摧残人民，在立法机关和人民之间也不可能有裁判者。在这种场合，如同在世界上没有裁判者的其他一切场合一样，人民没有别的补救办法，只有诉诸上天。"（下106）"上天"即自然法，"一种先于人类一切明文法而存在的并驾乎其上的法律"，按照自然法而不服从统治者的政治权力，是人民"为自己保留有属于一切人类的最后决定权，决定是否有正当理由可以诉诸上天。这种决定权他们是不会放弃的，因为屈身服从另一个人使其有毁灭自己的权利，是超越出人类的权力以外的，并且上帝和自然也从来不许可一个人自暴自弃，以致忽视对自身的保护"（下107）。这段话里有几个问题：第一，诉诸自然法的"正当理由"是什么？第二，如何实施按照自然法做的最后决定呢？

6. 推翻暴君的自然法的"正当理由"是什么？这个问题可以在第8章中找到答案。洛克在那里谈到，社会契约组成的共同体是"大多数人的同意和决定"（下59），还说"根据自然和理性的法则，大多数具有全体的权力，因此大多数的行为被认为是全体的行为，也当然有决定权了"（下60）。

现在的研究者普遍反对"大多数人统治"，汉娜·皮特金质疑："大多数人难道永远不犯错吗？洛克为大多数人统治原则提出的证明是什么？"[1]首先需要说明，洛克所说的"大多数人的同意和决定"不是国家权力运转的原则，而是国家合法性的原则和防止国家毁灭的"最后决定权"。大多数人的意见当然有错。洛克在《人类理智论》中说，任何人

---

[1] Hanna Pitkin, "Obligation and Consent", *American Political Science Review,* 1966(59), p. 994.

的或然判断都可能有错,但是,"说话的人数如果愈多,他们的信用如果愈大,而且他们说谎话亦与他们没有利益,则这回事情便会按着情形或多或少得到人的信仰"[1]。按照这个知识论标准,大多数人在事关他们自由和生命的事情上的意见,比少数统治者或精英的意见更接近于自然法的真理和对上帝的信仰。

面对"人民是愚昧无知的,经常心怀不满的,那么把政府的基础放在人民的不稳定的意见和不确定的情绪之上,将会使政府受到一定程度的破坏"(下 140—141)的指责,洛克说,大多数人不易改变"他们的旧组织形式"(下 141),"对于统治者的失政、一些错误的和不适当的法律和人类弱点所造成的一切过失,人民都会加以容忍,不致反抗或口出怨言的"(下 142);但是,"立法机关一旦侵犯了社会的这个基本原则,并因野心、恐惧、愚蠢或腐败,力图使自己握有或给予任何其他人以一种绝对的权力,来支配人民的生命、权利和产业时"(下 139),大多数人才不得不作出"最后的意见和决定"。

7. 如何实施按照自然法做的最后决定?洛克说人民在迫不得已时可以用革命推翻暴政,但他强调推翻暴政的革命不是叛乱和骚乱,而是人民"不但享有摆脱暴政的权利,还享有防止暴政的权利"(下 139)。"摆脱暴政"指人民无须服从统治者,"而只有寻求上帝给予人们抵抗强暴的共同庇护";"防止暴政"指权力属于人民,"人民享有恢复他们原来的自由的权利,并通过建立他们认为合适的新立法机关以求得他们的安全和保障"(下 139)。虽然没有使用民主制字眼,洛克所说"防止暴政"建立的新制度,符合他规定的"纯粹的民主政制"的特征,即"大多数人自然拥有属于共同体的全部权力,他们就可以随时运用全部权力来为社会制定法律,通过他们自己委派的官吏来执行那些法律"(下 81)。

洛克为人民反抗暴政权力所做的辩护,可以说认可了加尔文主义者

---

[1] 洛克:《人类理解论》(下册),商务印书馆 2017 年版,第 704 页。

在各国发动的革命行为,但又解决了加尔文的一个理论悖论。《基督教要义》最后一章"论政府"中,一方面说,《圣经》要我们服从的君王,"对一切掌权者,甚至对不称职的政府,也应当服从"[1]。"你们的君王要贪得无厌,你们也无权制止,你们只得听从命令"[2]。另一方面,加尔文又把"约束君主之专制"当作立法会议官员的义务,他说,对各国议会,

> 我非但并不禁止他们行使职权来反抗君王的残暴或虐政,我反倒认为他们若似容君王来压迫人民,乃是极不信不义的。[3]

但是,加尔文没有解决的问题是,在专制君主统治下,立法会成员和其他臣民一样,他们有什么权力反抗或限制君王暴力?为什么神交付给所有臣民的义务是无条件地服从君主,而单独把反抗的权利交付给立法会官员呢?

洛克解决了这一悖论,他把不服从暴君和建立新的立法机构的职分都交付给人民,人民"通过建立他们认为合适的新立法机关"来恢复他们失去的自由。反抗暴君是社会契约所保留的自然权力,这是无声的神意——自然法的命令。可以说,洛克的反抗权的学说为人民主权和革命作出的理论辩护,比加尔文本人更彻底、更充分,既是对16—17世纪各地加尔文主义者革命行动的理论反思,又是当时英国"光荣革命"和后来美国独立战争的具体体现。

---

[1] 加尔文:《基督教要义》,4.20.25,第264页。
[2] 同上书,4.20.26,第266页。
[3] 同上书,4.20.31,第269页。

五、宗教宽容和《圣经》解释

1. 我们看到，洛克在自然法、契约、国家组织形式和反抗权等方面，与加尔文神学和广义的加尔文主义有密切的关联。那么，他的宗教宽容思想与加尔文主义是否有关联呢？答案似乎是否定的。宗教改革是血与火的时代，各教派以正统名义在政治上迫害"异端"。天主教制造了圣巴托罗缪日之夜的大屠杀，把布鲁诺烧死在火刑柱上，宗教裁判所审判伽利略、康帕内拉等科学家。但加尔文在日内瓦也把反对派作为异端加以迫害，亲手把塞尔维特送上火刑架更是他臭名昭著的案例。

痛定思痛，人心求安，宗教宽容变成良心呼声。"宽容"源自拉丁语的 tolerare，有"养育，忍受，保护"等意思。作为政治概念，"宽容"通常有三重意涵：第一，容忍者对被容忍者的思想和行为，有一种负面的，甚至厌恶性的道德评价；第二，容忍者完全有能力去影响和惩罚被容忍者，因此双方存在着一种不对等的权力关系；第三，容忍作为一种政治德性，实际上要求：我虽然很不认同你的信念和行为，但却有意识地约束自己对你不做出干预。由此可见，容忍和不在乎、尊重及欣赏，是完全不同的态度。容忍者是既在乎自己，也在乎对方的信念，同时既不尊重也不欣赏对方的信念，但却基于某些理由，选择了不干预对方的行动。这些理由，构成了容忍的基础。[1] 不过，既然容忍与否的主动权在有权者手上，那么容忍作为一种政治实践，往往相当脆弱和不稳定，因为它最终视乎容忍者的主观意志。宽容首先是忍受那些被看成比自己低级或错误的，因而不被赞成的东西。忍受是出发点，保护是义务，目的是养育温和的社会风尚。

2. 宗教宽容思想是人文主义的资源。16 世纪的米歇尔·蒙田

---

[1] Marie A. Eisenstein, *Religion and Politics of Tolerance*, Baylor University Press, 2008, pp. 14-22.

（Michel de Montaigne, 1533—1592）借助苏格拉底的"无知"、皮罗主义、斯多亚派按自然生活的"生活哲学",以及他对人性的骄横和自负、人类理性的缺陷的观察和分析,批判宗教狂热的武断和政治上的专横。但这些人文主义思想未见得对洛克有多大影响。

洛克宗教宽容思想的资源主要来自加尔文主义。我们看到,荷兰的加尔文主义分两派,共和派主张政教分离,保守派主张政教合一的君主制。对洛克自然法思想有重要影响的格劳秀斯和阿尔图修斯（Johannes Althusius, 1557—1638）都属于共和派,主张宗教宽容和政教分离。格劳秀斯在《国家与教会》中认为只有维护上帝存在和天命的基本教义对世俗政权才是必要的,除此之外,神学解释的是非应交由信徒良心,国家不能也不应规定。格劳秀斯负责起草《分离派宣言》,明确提出"国家管理要温和宽容"的条款,格劳秀斯引用大量教会和法律文献加以论证。阿尔图修斯用自然法为"温和"（moderation）和宽容提供法理基础。第二次改革运动中的加尔文主义并不主张政教分离,而主张国家控制宗教狂热,允许宗教自由。我们看到,斯宾诺莎的《神学政治论》理性地阐明了这种主张。

3. 洛克在流亡荷兰时期所写的"论宽容"的信,充分表达了他所处时代的精神。洛克宗教宽容思想的结论是政教分离。他说:

> 我们的全部论点总括起来就是,每个人应当享有同其他人同样的权利。你容许以罗马的方式礼拜吗?也请容许以日内瓦的方式礼拜……一句话,凡属法律准许人们在日常生活中自由做的事,也请允许每个教会在神圣礼拜时享有这种自由。请保证任何人不至因为这些原因而蒙受生命、人身、房屋和财产上的任何形式的损害。[1]

---

[1] 洛克:《论宗教宽容——致友人的一封信》,商务印书馆1982年版,第45页。

洛克主张政教分离的依据与路德的"两个王国"或加尔文的"双重治理"相关。他说，国家和教会"一个管理国家的世俗福利，一个掌管灵魂的拯救，双方之间是不可能发生任何冲突与不和的"[1]。世俗政权不能掌管公民灵魂的事务，教会和信徒也不能违反国家法律而不受惩罚。这些说法与路德和加尔文相一致，但是，洛克不只是以"两个领域"为基础，而是基于个人权利平等的宗教自由，才得到了宗教改革第一代领袖不具备的宗教宽容思想。

洛克一贯的思想是每个人的自然权利平等，《政府论》把它作为自然状态的现实而未加论证。但洛克没有提到个人信仰属于自然权利，这就需要回答一些问题：为什么个人信仰是平等的权利？为什么国家要保护宗教信仰的自由？

4. 对第一个问题，洛克把个人信仰当作"公民权"，不能因为个人信仰而侵犯作为他的世俗利益的公民权。他写道："谁都没有正当的权利以宗教的名义侵犯他人的公民权和世俗利益。"[2]洛克把每个人自愿参加某个教会或信仰某种宗教，以及举行教会自主事务当作宗教自由。各个教派，不论国教还是长老会、独立教会、浸礼会、亚美尼亚教会和教友会，都有同等的宗教自由。洛克进而说：

> 如果我们可以公开地说真话，那么就一个人与另一个人的关系而言，则无论是异教徒、伊斯兰教徒，还是犹太教徒，都不应当因为他的宗教信仰不同而被剥夺其社会公民权。[3]

这是在当时条件下说"公开地说真话"，是需要足够勇气的。

国家不能用法律强制公民信仰这一或那一宗教，但国家为什么要

---

[1] 洛克：《论宗教宽容——致友人的一封信》，商务印书馆1982年版，第48页。
[2] 同上书，第15页。
[3] 同上书，第46页。

保护个人和教会的宗教自由呢？洛克从宗教改革一百多年的史实出发，指出：

> 基督教世界之所以发生以宗教为借口的一切纷乱和战争，并非因为存在着各式各样的不同意见（这是不可避免的），而是因为拒绝对那些持有不同意见的人实行宽容（而这是能够做到的）。为贪婪和统治他人的欲望所驱使的教会首领们，利用官长们的狂妄野心和幼稚的民众的迷信心理，违反福音书的原理和仁爱的训示，向他们传播宗教分立论者和异端派将被剥夺其财产并予以毁灭的邪说，以此来诱惑和煽动他们去反对那些与他们持有不同意见的人。[1]

为了制止"教会首领们""官长们"制造的邪说和"幼稚的民众的迷信"造成的社会祸害，保护持不同意见者的公民权和宗教自由，国家法律的保护是必要的，正如国家法律保护公民的生命、自由和财产权一样。

5. 基督教国家为什么要保护公民的宗教自由？洛克在论宗教宽容的第一封信开宗明义：

> 不论一些人如何夸耀其出生地和名字的古老，或其外部仪式的华丽；而另一些人则以其宗规改革相炫耀；其实，他们都无非是为了标榜其信仰的正统性……只不过是人们相互争夺统治他人的权力和最高权威的标记罢了。[2]

洛克认为纯正教会和"真正的宗教"的标记，是"仁爱、温顺以及对全人类乃至对非基督徒的普遍的友善"[3]。由此，不能仅仅满足于为伸

---

[1] 洛克:《论宗教宽容——致友人的一封信》，商务印书馆1982年版，第47页。
[2] 同上书，第1页。
[3] 同上。

张正义而采取的法律狭隘措施,"还必须以仁爱、温顺和宽容,孜孜不倦地劝诫所有的人",才能消除宗教不宽容的根源。宗教宽容的劝诫是以世俗理论或混合的宗教信仰为准绳,而恰恰是"福音书和使徒"的劝诫,"任何人若没有仁爱,没有那种不是加之以外力,而是动之以爱心的信仰,是断不能成为基督徒的"[1]。就是说,只有基督教的纯正信仰才能根治基督教世界的狂热。

以《圣经》为标准,洛克认为,基督教各教派都以《圣经》为基础,都没有理由互不宽容,只是对于什么是《圣经》的基础,各派有不同的解释,那也是不可避免的。但是,如果把自己的理解附加在《圣经》之上,作为不可违抗的教义,以自己的教义为标准把持不同意见的人当作异端加以打击,那就完全违背了《圣经》的教导。洛克最后说:"对于那些自认为他们自己关于拯救灵魂的基本要道所作的解释要比圣灵——上帝的无限永恒的智慧还要高明的人的狂妄至极,我不能不感到惊奇。"[2]

洛克关于宗教宽容的第一封信发表之后,神学家普洛斯特（Jonas Proast）提出质疑,国家对不同信仰的公民不宽容的强制措施可以改变他们的信仰,有利于基督教信仰的传播,洛克为宗教宽容的辩护不利于基督教信仰的传播;而且,洛克对《圣经》的解释何以比不宽容者的解释更符合《圣经》和圣灵的启示呢？洛克接着写了另外三篇"论宗教宽容"的信与之论辩。[3] 这场长达十几年的笔墨官司表明,洛克宗教宽容的思想归根到底要求对《圣经》的合理解释。

6. 洛克后期发表的《基督教的合理性》实际上接着为纯正教会的这个标记作《圣经》解释,称为《圣经》的合理性更为恰当。这本书的《圣经》解释不只是表达洛克的宗教观,更不是从政治哲学和知识论退回

---

[1] 洛克:《论宗教宽容——致友人的一封信》,商务印书馆1982年版,第2页。
[2] 同上书,第51页。
[3] 参阅 John Horton and Susan Mendus, ed., *John Locke: A Letter concerning Tolerance in Focus*, Routledge, 1991.

到信仰的窠臼去寻求心灵安慰，而是洛克的自然法、知识论和新教思想的一个综合。

洛克认为《旧约》和《新约》是一致的，正如耶稣自己所说，他来不是要废除律法，而是成全律法。洛克把《旧约》的律法称作"立功之法"。律法"正是理性的法则，或者是自然的法则"。服从律法就是绝对服从自然法的道德命令，试图依靠自身善行义举来获得拯救。但是，人的善行不可能达到律法的全部要求，"违背上帝的任何一条诫命（给理性下命令的正是上帝），就是直接反抗上帝，而只要在任何一点上听之任之，政权和秩序就会终结"[1]。"立功之法"不能鼓舞犹太人行善，只能暴露他们不能履行律法的罪责，在崇高的上帝面前罪不可恕。这就是亚当后裔都将在罪中死亡的启示。但"耶稣基督把整个人类从这种死亡状况中救活了"，"人们又被第二亚当挽回了生命"。耶稣宣讲的福音是"信主之法"。洛克说："我们的救主及他的使徒都宣称它是使人称义或得救的信，并且还教导说，惟有信它，才能成为信徒，才能获得永生。"[2]

《圣经》历史记载中有不少神迹和难以理解的事情，洛克强调，相信《圣经》记载"不是对历史事实的信"，"全部福音书作者的历史及《使徒行传》的历史表明，这正是我们的救主及他的使徒在整个讲道过程中迫切要求人们必须信的惟一教义"[3]。信主得救虽然是启示，"上帝仍然通过理性之光，向愿意运用理性之光的人显示出他是良善仁慈的"；"我们由于目光短浅和理解狭隘"而不能认识和服从"判断正义的永恒不变的标准"。洛克反驳那些用理性批判《圣经》智慧的人说："凭着我们贫弱而无可能存在偏见的理解力而无法理解的东西称作'毫无必要的东西'，那么我们实在是有些不自量力。"[4]

因信称义是《新约》的核心教义，就是要信耶稣：

---

[1] 洛克：《基督教的合理性》，武汉大学出版社 2006 年版，第 8 页。
[2] 同上书，第 6、96 页。
[3] 同上书，第 96 页。
[4] 同上书，第 126—128 页。

信拿撒勒人耶稣是弥赛亚,加上信这些随之而来的信条,如他的复活,统治,重新降临审判世人,这些就是人称义所必需的全部的信。[1]

这些教义是福音书和使徒书信的共同部分。但使徒在不同的背景下,针对不同问题所说的话,"可以解惑答疑,修正错误,但是它们决不能看作是获救的必要条件"[2]。洛克在这里回应了论宗教宽容信中的一个观点:不同人对《圣经》的解释有不同意见是不可避免的,使徒尚且如此,何况今人呢?现在既不能把理解的不同意见作为《圣经》的核心教义,也不能因为不同解释不一致而认为经文包含相反的意思。[3]

《基督教的合理性》确定的《圣经》的核心教义可以说是基督教"标准"的信仰。可是,它出版之后被爱德华兹等人指控为索齐尼派异端和无神论。从书后附录的洛克的答辩来看,这些指控正是把自己解释的《圣经》当作正统宗教的不宽容习气的沿袭,这说明宗教宽容还有很长的一段道路要走。

---

[1] 洛克:《基督教的合理性》,武汉大学出版社 2006 年版,第 146 页。
[2] 同上书,第 148 页。
[3] 同上书,第 150 页。

结束语：洛克和启蒙运动

1. 洛克发表《论宽容》第二封信的同年，英国在1689年颁布了《容忍法案》，但宽容范围有限，只承认非圣公会新教徒（不从国教者）的信仰，却未取消对他们生活方式的其他限制，也没有解除对天主教教徒的权利限制，更不用说其他宗教了。同一年，海峡对岸法国国王路易十四却撤销了天主教宽容新教胡格诺教派的《南特敕令》。但是，宗教宽容的思想毕竟大势所趋，英国的洛克宗教宽容、人民主权思想和牛顿科学和自然神论在法国广泛传播流行，催生出百科全书派和卢梭的激进批判和革命思想，标志着西方进入启蒙时代。

鉴于洛克对法国和美国启蒙思想家有重要影响，现在学者承认洛克为启蒙运动的先驱。[1] 较早时期认为洛克思想"在18世纪的广泛影响，如同圣书一样"的观点[2]，现在受到普遍质疑。比如，洛克在法国的影响在很大程度上被笛卡尔主义所抵消。早在1846年马克思谈到法国启蒙时说："法国唯物主义有两个派别：一派起源于笛卡儿，一派起源于洛克。"[3] 洛克的唯物主义经验论合乎法国启蒙的需要，受到热烈的欢迎，

---

[1] Richard Aaron, *John Locke*, 3rd., Oxford, 1971, p. 334; S. C. Brown, ed., *Philosophers of the Enlightenment*, Hassocks, 1979, p. vii.

[2] Alfred Cobban, *Edmund Burke and the Revolt against the Eighteenth Century*, AMS Press, 1929, p. 16.

[3] 《马克思恩格斯全集》（第2卷），人民出版社1957年版，第160页。

而"法国人赋予英国唯物主义以机智,使它有血有肉,能言善辩,他们使英国唯物主义具有从未有过的气质和优雅风度,使它文明化了"[1]。西方哲学界没有接受马克思的唯物主义解释,但都承认洛克和笛卡尔的双重影响。比如彼得·舒尔斯认为,洛克在法国启蒙运动中的影响,归功于笛卡尔的方法论。[2]阿兰姆·法坦安强调笛卡尔在法国启蒙运动的作用比洛克更重要。[3]

格特鲁德·希梅尔法布试图颠覆洛克在英法美三国启蒙运动中的作用。她勾勒了三国启蒙运动的不同思想径路:"英国启蒙代表'德性社会学',法国启蒙代表'理性意识形态',而美国启蒙代表'自由政治学'",英法启蒙根本不同,"法国人把洛克和牛顿当作他们启蒙的指导精神,具有讽刺意味"。[4]在英国启蒙中,有决定影响的人物是与洛克进行争论的沙夫茨伯里伯爵和哈奇森,以及18世纪的亚当·斯密,而不是洛克;[5]在美国,杰斐逊自认为是洛克的追随者,实际上相信的是和洛克政治哲学完全不一样的苏格兰道德哲学,"《联邦党人文集》中引用最多的是孟德斯鸠,而根本不是洛克,最后引用的是休谟关于任何努力都不可避免会有错的谨慎评论"[6]。

如果把18—19世纪之交的德国哲学也列入启蒙运动行列,那么洛克的影响再失一地。沃尔夫斯蒂格说明,"18世纪的德国哲学在莱布尼兹—沃尔夫学派的铁腕控制之中"[7]。克劳斯·费舍尔梳理了18世纪后期洛克思想对非学院派思想家的有限影响,但德国大学最终由从康德到黑

---

[1] 《马克思恩格斯全集》(第2卷),人民出版社1957年版,第333页。

[2] Peter Schouls, *Decartes and the Enlightenment*, MQUP, 1989.

[3] Aram Vartanian, *Diderot and Descartes*, Princeton University Press, 2012.

[4] Gertrude Himmelfarb, *The Roads to Modernity*, Vintage House, 2004, pp.19, 25.

[5] Ibid., pp. 25-70.

[6] Ibid., pp. 200,202.

[7] A. Wolfstieg, "Englischer und Französischer Deismus und die Deutsche Auf-klarung", *Monatshefte der Comenius-Gesellschaft,* 1908(17), s. 145.

格尔的哲学体系控制。[1]而我们知道，在德国古典哲学发展中，休谟和斯宾诺莎都有影响，唯独洛克阙如。

2. 如果洛克在各国启蒙哲学的影响如此有限，他还能算作18世纪启蒙运动的先驱吗？如果答案是肯定的，洛克在何种意义是先驱？为何影响受到限制？让我们从洛克及其论证的英国光荣革命谈起。现在我们把法国启蒙作为启蒙运动的典型。由于波旁王朝的宗教和政治不宽容政策，天主教会和法国当局对新教的压迫造成平民等级与僧侣和贵族等级的严重对立。直到法国大革命前夕的1787年，路易十六才颁布《宽容法令》，授予法国新教徒公民权，废除了针对其婚姻的禁令。1784年，另一项法令取消了法国犹太人必须缴纳的各种特别的税。1781年，哈布斯堡王朝皇帝约瑟夫二世颁布了《宽容法令》，授予所有非天主教徒公民权，适用于新教徒和犹太人。但为时已晚，法国大革命爆发了。

1776年美国《独立宣言》将人的权利部分建立在《圣经》的创造信念之上："我们认为下述真理是不言而喻的：人人生而平等，造物主赋予他们若干不可让与的权利，其中包括生存权、自由权（liberty）和追求幸福的权利。"另外，政府需要被统治者的同意也是《独立宣言》的核心内容。[2]1789年法国《人权宣言》第一条也宣布："人生来就是而且始终是自由的（libres），在权利方面一律平等。"[3]"造物主赋予""不可转让"和"生来而且始终"的平等权利即洛克所说的自然权利，包括生命权、自由和财产权。[4]

启蒙时代启动革命的这两个文件精神相同，但两次革命的结局大不相同。法国大革命高潮中雅各宾派镇压王室贵族和革命内部反对派的血

---

[1] Klaus P. Fischer, "John Locke in the German Enlightenment: An Interpretation", in *Journal of the History of Ideas,* 1975, 36(3), pp. 431-446.

[2] Carl Becker, *The Declaration of Independence: A Study in the History of Political Ideas.* Vintage House, 1922.

[3] 许明龙：《关于法国〈人权宣言〉第一条的中译文》，《中华读书报》2012年01月11日第10版。

[4] Michael Zuckert, *The Natural Rights Republic,* Notre Dame University Press, 1996, pp. 73-85; Garry Wills, *Inventing America: Jefferson's Declaration of Independence,* Houghton Mifflin Co., 2002.

腥恐怖，提出了让后世不断反省的新问题：从宣扬理性的宽容开始的启蒙运动为什么会走向反面？被宽容者何以变得如此不宽容？其实，美国独立战争胜利后已经用宪法在实践上解决了这些问题。

托克维尔在革命半个世纪后敏锐地注意到美国和法国的差别。在美国，"基督教各派林立，并不断改变其组织……既没有人想去攻击它，又没有人想去保卫它"[1]；美国实现了政教分离，带来政治上的温和："这个多数主要由温和的公民构成，他们不是出于爱好，就是出于利益，而衷心希望国家富强。在他们的周围，有企图拉他们入党和请他们支持的政党不断进行煽动"；[2]在民风上、经济上追求财富的狂热与宗教热情共存。而在法国，不信教的人与宗教仍处于"自然状态"和"交战状态"。他说："欧洲的不信教人士，主要是把基督教当作政治敌人，而不是把他们当作宗教敌人加以攻击的。他们之仇恨宗教信仰，多半是把它视为一个政党的意见，而很少把它视为一种错误信仰。他们之排斥教士，主要是因为教士是政府的朋友，而不是因为教士是上帝的代表。"[3]结果是法国革命近百年的历史充满极端思想、社会动荡、革命频发和政权更迭。

托克维尔告诉人们的道理是，宗教上能否宽容，不只是宗教事务，在很大程度上是反映社会心态和国家制度的晴雨表。如果政治势力不能宽容宗教，不但没有宗教自由，而且各种政治力量之间也互不宽容，"当时人们提出的每一个见解，都视为信仰的死敌"[4]。结果是人们失去其他自由的权利。反之，在宗教宽容的政治和社会环境中，"一个民族越是享有自由，就应该越是讲究道德，越是信仰宗教，越是温文尔雅"[5]。

3. 托克维尔在美国观察到的现象，源于1791年12月15日开始生

---

[1] 托克维尔：《论美国的民主》（下卷），商务印书馆2006年版，第522页。
[2] 托克维尔：《论美国的民主》（上卷），商务印书馆2006年版，第345、194页。
[3] 同上书，第349页。
[4] 同上。
[5] 同上书，第461页。

效的美国宪法《权利法案》，该法案第一条规定了政教分离和宗教自由的原则。这个宗教宽容的最重要法案的发生不是偶然的，而是温和的启蒙思想的流行和胜利。

美国宪法的开国领袖汉密尔顿、麦迪逊、杰斐逊等人在宗教上受启蒙运动中自然神论的影响，他们并不把《圣经》作为法律的思想基础，而试图在新的政治科学的基础上为国家立法。在《联邦党人文集》中，汉密尔顿和麦迪逊等人针对独立后十三州的分离主义倾向，主要从社会秩序、商业利益、财政税务、司法审判、军事保护和国际关系等方面，论证了建立强有力的统一联邦政府的必要性。大部分论述现在看来已没有现实意义。值得我们注意的是他们对治理党争的一些看法。

联邦党人看到，妨碍和危害国家统一的主要政治力量是党争，而党争的潜在原因深深扎根在人性之中，

> 热心于有关宗教和政体的不同意见，以及其他许多理论和实践上的见解，依附于各种野心勃勃、争权夺利的领袖或依附于其财产使人们感兴趣的人，相继把人们分为各种党派，煽动他们彼此仇恨，使他们更有意于触怒和压迫对方，而无意为公益而合作。人类互相仇恨的倾向是如此强烈，以致在没有充分机会表现出来时，最琐碎、最怪诞的差别就足以激起他们不友善的情感和最强烈的冲突。但是造成党争的最普遍而持久的原因，是财产分配的不同和不平等。有产者和无产者在社会上总会形成不同的利益集团。债权人和债务人也有同样的区别。土地占有集团、制造业集团、商人集团、金融业集团和许多较小的集团，在文明国家里必然会形成，从而使他们划分为不同的阶级，受到不同情感和见解的支配。[1]

---

[1] 汉密尔顿、杰伊、麦迪逊：《联邦党人文集》，商务印书馆1980年版，第46—47页。

由于党争的人性根源和现代原因，党争不会消失，只能加以控制和利用。联邦党人认为："管理这些各种各样、又互不相容的利益集团，是现代立法的主要任务，并且把党派精神和党争带入政府的必要的和日常的活动中去。"[1] 就是说，现代立法的治理一方面限制了党争的仇恨和冲突，另一方面把党派代表的利益集团之间的竞争转化为监督和指导政府的必要机制，而他们之间的利益权衡可以遏制多数派对少数派的侵害。按照他们的设计，代议制选举的各党派代表组成共和制可以完成这两方面的任务。

由于联邦党人的主要任务是治理党争，防止各州政府和各利益集团的分离主义倾向，1787年通过的联邦宪法没有对宗教自由等公民权利加以立法。当时在巴黎目睹法国大革命的杰斐逊敏锐地看到了这个宪法的不足之处。他在宪法通过之前和之后反复建议：

> 我从一开始就不赞成的是宪法中缺少一个权利法案。应该用一个权利法案来保障自由，防止政府的行政部门和立法部门侵犯自由；也就是说，保障宗教信仰自由、言论出版自由、免于垄断的自由、免于非法拘禁的自由。[2]

他在1789年3月15日致麦迪逊的信中，针对后者的顾虑说：

> 权利宣言带来的不便与缺少权利宣言带来的不便，两者之间有着显著的本质上的不同。权利宣言带来的不便是，它可能会阻碍政府有效地执行其任务。但是这种不便的坏处是暂时性的、有限度的和可以补救的，而缺少权利宣言所造成的不便却是永久性的、强烈

---

[1] 汉密尔顿、杰伊、麦迪逊：《联邦党人文集》，商务印书馆1980年版，第47页。
[2] 杰斐逊：《杰斐逊选集》，商务印书馆1999年版，第436页。

的和不可补救的。它们不断从坏发展到更坏。[1]

杰斐逊提倡权利法案不是偶然的。1779年他当弗吉尼亚州长时提出了《建立宗教自由法案》,其中深刻指出宗教不宽容的根源:

> 那些教会和非教会的立法者和统治者,本身只是些容易犯错误和未得灵感启迪之徒,却对别人的信仰握有生杀大权,把他们自己的见解和思想方法作为唯一正确的和绝对不会错的,竭力把它们强加于人,就是这些人自行其是,在世界上大多数地方建立并维持了骗人的宗教。

为了杜绝宗教上的不宽容,

> 州议会兹规定,不得强迫任何人举行任何宗教礼拜仪式,或资助任何圣地或牧师;也不得由于宗教见解或信仰而对其人身或财产施加限制、强制或折磨,一切人均可以自由表明并通过说理坚持其宗教见解,决不可因此而缩小、扩大或影响其公民权。[2]

这个立法虽然是地方性的,但杰斐逊惊奇地看到它"在欧洲获得高度赞许","它已被译成法文和意大利文,已被寄往大多数欧洲宫廷","已被收进新的《百科全书》"。[3]该法案在欧洲的影响力增强了他在美国推动宗教宽容立法的信心。

在杰斐逊的推动下,麦迪逊起草并在1791年底通过的美国宪法第一修正案宣布:"国会不得制定有关下列事项的法律:确立国教或禁止信教

---

[1] 杰斐逊:《杰斐逊选集》,商务印书馆1999年版,第439—440页。
[2] 同上书,第296—297页。
[3] 同上书,第386页。

自由;剥夺言论自由或出版自由;或剥夺人民和平集会及向政府要求申冤的权利。"这个法案是麦迪逊起草的,其中"不得指定确立国教"和"不得禁止宗教信仰自由"两个分句,可谓是1779年弗吉尼亚州宗教自由法案的简写版。

第一修正案通过之后,一个地方教派向杰斐逊表达敬意。杰斐逊回复说:

> 我和你们都相信,宗教完全是一种存在于人和他的上帝之间的事情,人不为他的信仰或崇拜对任何其他人负责,政府的立法权力仅仅对行为有效,对思想无效……不得制定有关建立官方宗教或禁止自由信仰宗教的法律……在教会与国家之间建起一重隔离墙的法令。[1]

"教会与国家之间的隔离墙"的比喻表达了杰斐逊的宗教自由观念。他认为,宗教信仰属于个人领域,宗教自由权利属于公共领域;如果把某些人的宗教信仰设置为国教,势必招致不同宗教信仰的公民的反抗;反之,如果国家不能保护个人宗教自由的权利,那么公民其他权利也将受到侵害。因此,"隔离墙"是宗教自由的法理基础,其目的是宗教宽容,不但是国家对所有宗教一视同仁的宽容,而且是不同宗教或教派之间的宽容。

不难看出,杰斐逊表述的宗教宽容思想与洛克《论宽容》一脉相承。1689年英国通过的《容忍法案》只是国教在新教范围内有限的宗教宽容,而二百年后通过的美国宪法第一修正案则把明确地禁止设立国教,保护宗教自由的范围扩大到所有宗教信仰团体,无论是否属于基督宗教。不仅如此,宗教自由和第一修正案其后列入的"言论自由或出版

---

[1] 杰斐逊:《杰斐逊选集》,商务印书馆1999年版,第315页。

自由""人民和平集会和向政府请愿申冤的权利"是密切相关的，是"政府不可剥夺"的权利。

4. 在启蒙运动的西方各国中，只有洛克思想及其论证的光荣革命和美国开国领袖及其立法制度以结束国内下一次革命为目标，并且达到了这一目标。法国启蒙根本没有设定这一目标，反而以不断革命为奋斗动力；而德国启蒙哲学家康德和黑格尔以法国大革命为戒，设定了避免革命的目标，但未能改变德国统一后革命与反革命的冲突和灾难。这两种结局从思想上可概括成启蒙运动中激进（法国）、中间（德国）和温和（英美）三条路径。正如法国大革命中左中右三派的对立是相对的，三条思想路径没有截然分明的界限，某些方面激进和另一些方面温和可以并存，还有很多中间地带。我们可以在这样的视域中审视洛克的影响。

洛克的自然权利学说是激进的，关于反抗权的思想更有革命意义，而他在知识论、宗教宽容、教育和宗教方面的思想是温和的。在这些方面，称洛克为启蒙的伟大先驱是当之无愧的。比如，彼得·舒尔斯虽然认为笛卡尔对法国启蒙运动的贡献是根本性的，但在最近的书《理性了的自由——洛克和启蒙》也论述洛克"自然的"理智观、自由观和教育观对启蒙的影响。[1] 所谓自然指对于独断和怀疑的中和，阐述了洛克温和启蒙思想的特征。再比如，约翰·马施尔在17世纪早期天主教和新教宗教不宽容和为之辩护的学说的背景中，彰显了洛克宗教宽容思想在1680—1690年代对公众舆论的重大影响，这影响直接导致了18世纪全方位的启蒙运动。[2]

5. 至于洛克思想在18—19世纪中叶各国启蒙运动中影响为什么有限的问题，可以做多方面的具体分析。第一节提到的那些观点主要梳理了洛克与18世纪之后那些哲学流派和思潮差异的证据和理由，如果

---

[1] Peter Schouls, *Reasoned Freedom: John Locke and Enlightenment*, Cornell University Press, 1992.
[2] John W. Marshall, *John Locke, Toleration and Early Enlightenment Culture: Religious Intolerance and Arguments for Religious Tolerance in Early Modern and "Early Enlightenment" Europe*, Cambridge University Press, 2006.

我们追问：为什么会产生这些差异呢？那就需要不同时代的视野了。莱尔·格林菲尔德在《民族主义：现代性的五条道路》中先后考察英国、法国、俄国、德国和美国人民的民族认同感形成过程，通过各自社会历史环境，说明现代国家的五种模式。[1] 作者用来形容或描写这五个民族气质的标题分别是："英国：上帝的头生子"，"法国：三重认同"（国王、贵族和民众），"俄国：斯基台的罗马"（形容粗鲁的军国），"德国：无限性（即精神）的渴望"，"美国：未展开的理想国家"。作者把英国民族气质首先归结为宗教改革的宗教热情，然后参照英国确定其他现代国家的特征。法国、俄国和德国的参照是不同形式的"怨怼"（ressentiment）[2]，只有美国是"新英格兰"。[3]

格林菲尔德的说法是否妥当可以商榷，但以英国为参照的方法可为我们看待宗教改革和启蒙运动提供一条思路。宗教改革和启蒙运动是现代性的前后两个阶段。我们重点阐述的霍布斯、斯宾诺莎和洛克代表了早期现代性的政治主张，宗教改革的新教精神（尤其是加尔文主义）表现为三者政治哲学的宗教气质。而启蒙时期的政治哲学的激进批判是反宗教的世俗化的气质。

6. 法国启蒙哲学家利用宗教宽容反对宗教，他们中有的是唯物主义和无神论者（如狄德罗、达朗贝尔、拉美特里、爱尔维修、霍尔巴赫），有的是自然神论者（如狄尔泰和卢梭）。前者确如列宁所说是反对基督教的"战斗的无神论"，狄尔泰的自然神论与他解释并接受的牛顿和洛克的自然神论完全是两码事：无论如何解释，也不能脱去牛顿和洛克对《圣经》的信仰；而伏尔泰则是敌基督者，他的《神学词典》充满着对《圣经》的批驳。他有一句名言："每一个明智的人、每一个可敬的人必须坚持基督教教派是可恶的东西。"狄德罗虽然在哲学上与伏尔泰

---

[1] Liah Greenfeld, *Nationalism: Five Roads to Modernity*, Harvard University Press, 1993.

[2] Ibid., pp. 177-183, 222-234, 371-385.

[3] Ibid., pp.403-410.

有分歧，但却说"百科全书派"的哲学家把伏尔泰朝奉为"崇高的、可敬的和可爱的敌基督"。[1] 卢梭与伏尔泰也有分歧，但他的自然神论，如同《爱弥儿》第四卷借"一个萨瓦省神父"之口所出的"信仰自白"，也充满对基督教信仰的反驳。[2] 法国启蒙学者对欧洲主流宗教的不宽容和他们不宽容的政治哲学，以及他们之间相互不宽容有着同样的思维方式，与洛克温和、宽容的思想格格不入。

7. 在苏格兰启蒙占上风的氛围中，休谟对洛克的知识论做了漫画式的概括后加以抛弃，他和亚当·斯密把道德的基础建立在人的情感之上。至于道德和基督教的联系，斯密不加细究，休谟认为多神论的自然宗教比基督教的一神论更有道德，唯有托马斯·里德把基督教基本信仰当作道德情感的第一原理。无论哪种立场，与洛克把道德基础归结为最终来自上帝的自然法的做法大相径庭。美国开国领袖们都是热忱的新教徒，他们的宗教观受里德和与基督教相容的英国式自然神论的影响。洛克的宗教观过多依靠《圣经》的解释，既没有得到卫斯理、爱德华兹等基督教派的承认，也没有在上层社会产生明显的影响，显得比较寂寞。[3]

甚至洛克的"自由主义之父"的桂冠也大成问题。"自由主义"这个词直到 1815 年才出现，人们用这个词表示法国大革命激进主张，与"民主主义"通用。只是在人民主权、推翻暴君和三权分立制度的意义上可以把洛克看作自由主义的首创者。但自由主义作为启蒙后期和 20 世纪的政治哲学思潮，理论基础形形色色，有康德式的，有功利主义式的，有论证左中右各派政治主张的各种当代自由主义。无论哪一种类型，理论基础都不是洛克宗教改革中提出的那些方案。[4] 宗教改革与启蒙运动这两个时代的区别，也可解释洛克的自由权思想与成型的自由主义的各种

---

[1] Peter Gay, *The Enlightenment, an Interpretation*, Vol. I: *The Rise of Modern Paganism*, Vintage House, 1966, p. 391.
[2] 卢梭:《爱弥儿》(下册), 商务印书馆 2017 年版, 第 415—451 页。
[3] Gertrude Himmelfarb, *The Roads to Modernity*, Vintage, 2004, chapters 1-2.
[4] Pierre Manent, *An Intellectual History of Liberalism*, trans. R. Balinski, Princeton University Press, 1995.

派别之间的关系。

8. 本研究从宗教改革的中世纪背景及其晚期的人文主义思想资源开始,以宗教改革的新教神学为基础,依次阐述了霍布斯、斯宾诺莎和洛克的政治哲学的要点和特点。我们最后看到,洛克站在启蒙运动的门槛上,在某些方面对近代后期政治思想产生了直接重要的影响,在另一些方面,与现当代的世俗化社会氛围和政治哲学有相当大的差距。至于启蒙时代或近代晚期的法国的、德国的、英国的政治哲学是怎样的图景,那是下一本书的任务。本研究至此搁笔。

参考文献

英文部分：

[1] A. E. Taylor, "The Ethical Doctrine of Hobbes", in *Philosophy*, 1938 (13), pp. 406-424.

[2] A. G. Dickens, *The German Nation and Martin Luther,* Harper & Row, 1974.

[3] A. P. Martinich, *The Two Gods of Leviathan: Thomas Hobbes on Religion and Politics*, Cambridge University Press, 1992.

[4] A. Wolfstieg, "Englischer und Französischer Deismus und die Deutsche Auf-klarung", in *Monatshefte der Comenius-Gesellschaft*, 1908 (17).

[5] Aaron L. Herold, "The Chief Characteristical Mark of the True Church: John Locke's Theology of Toleration and His Case for Civil Religion", in *The Review of Politics*, 2014 (76), pp. 195-221.

[6] Alan Donagan, *Spinoza*, Chicago University Press, 1978.

[7] Alfred Cobban, *Edmund Burke and the Revolt against the Eighteenth Century,* AMS Press, 1929.

[8] Alvin Plantinga, *God, Freedom and Evil,* Grand Rapid, Eerdmans,

1974.

[9] Angela Roothaan, "Spinoza relève-t-il de la théologie naturelle?" in *Revue de théologie et de philosophie* 1998, 130 (3), pp.269-283.

[10] Aram Vartanian, *Diderot and Descartes*, Princeton University Press, 2012.

[11] Arthur W. Wainright, ed. *The Clarendon Edition of the Works of John Locke: A Paraphrase and Notes on the Epistle of St. Paul*, 2vols., Clarendon Press. 1987.

[12] Baruch de Spinoza, *The Correspondence of Spinoza*, trans. and ed. A. Wolf, Frank Cass, 1966.

[13] Carl Becker, *The Declaration of Independence: A Study in the History of Political Ideas*. Vintage, 1922.

[14] Charles B. Schmitt, ed, *The Cambridge History of Renaissance Philosophy*, Cambridge University Press, 1988.

[15] Charles Beard, *The Reformation of the Sixteenth Century: In Its Relation to Modern Thought and Knowledge,* Williams and Norgate, 1927.

[16] Chris Eberle and Terence Cuneo, "Religion and Political Theory", *The Stanford Encyclopedia of Philosophy*. (Winter 2012 Edition), Edward N. Zalta (ed.), forthcoming URL = <http://plato.stanford.edu/archives/win2012/entries/religion-politics/>.

[17] David Johnston, *The Rhetoric of Leviathan: Thomas Hobbes and the Politics of Cultural Transformation*, Princeton University Press, 1986.

[18] David P. Gauthier, *The Logic of Leviathan: The Moral and Political Theory of Thomas Hobbes*, Oxford: Clarendon Press, 1969.

[19] Dermot Fenlon, England and Europe: Utopia and Its Aftermath, in *Transactions of the Royal Historical Society,* Vol.5, 1975 (25), pp.

115-135.

[20] Dewey D. Wallace, Socinianism, Justification by Faith, and The Sources of John Locke's The Reasonableness of Christianity, in *Journal of the History of Ideas*, 1984, 45 (1), pp. 49-66.

[21] Devin Stauffer, "'Of Religion' in Hobbes's Leviathan", in *The Journal of Politics*, 2010 (72), pp. 868-879.

[22] Douglas. J. Moo, *The Epistle to the Romans*, Wm. B. Eerdmans Publishing Company (1996).

[23] E. G. Rupp & P. S. Watson, *Luther and Erasmus*, Westminster Press, 1969.

[24] Edward Feld, "Spinoza the Jew", in *Modern Judaism*, 1989, 9 (1), pp. 101-119.

[25] Efrem Battoni, *Duns Scotus*, Greenwood Press, 1978.

[26] Eric Voegelin, *The Collected Works of Eric Voegelin*, vols 14-26, The University of Missouri Press, 1999-2005.

[27] Ernst Cassirer, ed., *The Renaissance Philosophy of Man*, Chicago University Press, 1954.

[28] Errol Harris, "Is There an Esoteric Doctrine in the TTP?", in *Vanwege het Spinozahuis*, 38, E. J. Brill, 1978, pp. 3-14.

[29] F. B., *A Free But Modest Censure of the Late Controversial Writings and Debates of the Lord Bishop of Worcester and Mr. Locke*, Text Creation Partnership, 1698.

[30] Fancis Bacon, *The Advancement of Learning*, ed. A. Johnson, Oxford, Oxford University Press, 1974.

[31] Frederick Copleston, *A History of Philosophy*, Image Books, 1962.

[32] Garry Wills, *Inventing America: Jefferson's Declaration of Independence*, Houghton Mifflin Co., 2002.

[33] George Kateb, "Locke and the Political Origins of Secularism", in *Social Research: An International Quarterly*, 2009, 76 (4), pp. 1001-1034.

[34] George Wright, "Hobbes and the Economic Trinity", in *British Journal for the History of Philosophy*, 7 (1999), pp. 397-428.

[35] George Wright, *Religion, Politics and Thomas Hobbes*, Dordrecht: Springer, 2005.

[36] Gertrude Himmelfarb, *The Roads to Modernity: The British, French, and American Enlightenments*, Vintage, 2004.

[37] Gianni Paganini, "Hobbes, Valla, and Trinity", in *British Journal for the History of Philosophy*, 2003 (11), pp. 183-218.

[38] Graeme Hunter, "Spinoza: A Radical Protestant?" in *The Problem of Evil in Early Modern Philosophy*, ed. E. J. Kremer, University of Toronto Press, 2001.

[39] Greg Forster, "Divine Law and Human Law in Hobbes's Leviathan", in *History of Political Thought, 24 (2003)*, pp. 189-217.

[40] Greg Forster, *John Locke's Politics of Moral Consensus,* Cambridge University Press, 2005.

[41] H. Hohlwein, Pufendorf, Samuel Freiherr von, *Die Religion in Geschichte und Gegenwart*, J. C. B. Mohr, Band V, 1961.

[42] H. Williams & A.M.Mergal ed., *Spiritual and Anabaptist Writers: Documents Illustrative of the Radical Reformation*, London: SCM Press, 1957.

[43] Hanna Pitkin, "Obligation and Consent", in *The American Political Science Review*, 1965 (59), pp. 990-999.

[44] Harry Wilfson, *The Philosophy of Spinoza*, vol. 2, Harvard University Press, 1948.

[45] Herbert D. Foster, "International Calvinism through Locke and the Revolution of 1688", in *The American Historical Review*, 1927, 32 (3), pp. 475-499.

[46] Herbert McLachlan, *The Religious Opinions of Milton, Locke, and Newton*, Manchester University Press, 1941.

[47] Howard Warrender, *The Political Philosophy of Hobbes: His Theory of Obligation*, Oxford: Clarendon Press, 1957.

[48] J. G. A. Pocock, *Politics, Language, and Time: Essays on Political Thought and History*, Atheneum, 1973.

[49] J. Judd Owen, "Locke's Case for Religious Toleration: Its Neglected Foundation in the Essay Concerning Human Understanding", in *Journal of Politics*, 2007, 69 (1), pp. 156-168.

[50] J. L. Mackie, "Evil and Omnipotence", in *Mind*, 1955, 64 (254), pp. 200-212.

[51] J. Olin, *Desiderius Erasmus*, New York, Charles Scribner's Sons, 1980.

[52] J. P. Richter, ed., *The Literary Works of Leonardo da Vinci*, Oxford University Press, 1939.

[53] James Martel, *Subverting the Leviathan: Reading Thomas Hobbes as a Radical Democrat*, Columbia University Press, 2007.

[54] James Tully, *A Discourse on Property: John Locke and His Adversaries*, Cambridge University Press, 1980.

[55] Jean Leca, "Political Philosophy in Political Science: Sixty Years on", in *International Political Science Review*, 2010, 31 (5), pp. 525-538.

[56] Jeremy Waldron, *God, Locke, and Equality: Christian Foundations of John Locke's Political Thought*, Cambridge University Press, 2002.

[57] Jerrold Seigel, "Foreword to Pierre Manent", in *An Intellectual*

History of Liberalism, trans. Rebecca Balinski, Princeton University Press, 1996.

[58] John Bale, *Select Works of John Bale*, ed. H. Christmas, Cambridge, printed at the University Press, 1849.

[59] John Boler, "Augustine and Political Theory", *Mediaevalia*, 1978 (4), pp. 83-97.

[60] John C. Biddle, "Locke's Critique of Innate Principles and Toland's Deism", in *Journal of the History of Ideas*, 1976 (37), pp. 411-422.

[61] John Dunn, *Locke*, Oxford University Press, 1984.

[62] John Dunn, *The Political Thought of John Locke: An Historical Account of the Argument of the "Two treatises of government"*, Cambridge University Press, 1969.

[63] John Edwards, *The Socinian Creed or, A brief account of the professed tenents and doctrines of the foreign and English Socinians: Wherein is shew'd the tendency of them to irreligion and atheism, with proper antidotes against them*, London: printed for J. Robinson ... and J. Wyat ... , 1697.

[64] John Foxe, *Acts and Monuments*, AMS Press , 1965.

[65] John Foxe, *Book of Martyrs, vol. I*, London: John Day, 1570.

[66] John Horton and Susan Mendus, ed., *John Locke, A Letter concerning Tolerance in Focus*, Routledge, 1991.

[67] John Marshall, *John Locke, Toleration and Early Enlightenment Culture: Religious Intolerance and Arguments for Religious Tolerance in Early Modern and "Early Enlightenment" Europe*, Cambridge University Press, 2006.

[68] John Marshall, *John Locke: Resistance, Religion and Responsibility*, Cambridge University Press, 1994.

[69] Kim Ian Parker, *The Biblical Politics of John Locke*, Wilfrid Laurier University Press, 2004.

[70] Klaus P. Fischer, "John Locke in the German Enlightenment: An Interpretation", in *Journal of the History of Ideas,* 1975, 36 (3), pp. 431-446.

[71] Leo Strauss, *Natural Right and History*, University of Chicago Press, 1953.

[72] Leo Strauss, *Persecution and the Art of Writing*, Glencoe, Free Press, 1952.

[73] Leo Strauss, *The Political Philosophy of Hobbes: Its Basis and its Genesis*, Oxford: The Clarendon Press, 1936.

[74] Leon Battista Alberti, *Della Statua*, trans, R. N. Watkins, Columbia University Press, 1969.

[75] Lewis Feuer, *Spinoza and the Rise of Liberalism*, Beacon Press, 1958.

[76] Liah Greenfeld, *Nationalism: Five Roads to Modernity*, Harvard University Press, 1992.

[77] Lorenzo Valla, *On Pleasure*, trans. A. K. Hieatt and Maristella Lorch, New York, Abaris Books, 1977.

[78] M. Elze, Grotius, Hugo, in *Die Religion in Geschichte und Gegenwart*, Auflage, Band II, 1958.

[79] M. Spinka, *Advocates of Reform: From Wyclif to Erasmus*, SCM Press, 1953.

[80] Marie A. Eisenstein, *Religion and Politics of Tolerance: How Christianity Builds Democracy*, Baylor University Press, 2008.

[81] Martin Luther, *Martin Luther Werke*, Band 1, Weimar, Verlag, 1883.

[82] Martin Luther, *Works of Martin Luther*, VI, Fortress Press, 1966.

[83] *Martin Luther's Basic Theological Writings*, ed. T. F. Lull,

Minneapolis, Fortress Press, 1989.

[84] Maurice Cranston, *John Locke: A Biography*, Macmillan, 1957.

[85] Michael P. Zuckert, *Launching Liberalism: On Lockean Political Philosophy,* University Press of Kansas, 2002.

[86] Michael P. Zuckert, *The Natural Rights Republic: Studies in the Foundation of the American Political Tradition*, University of Notre Dame Press, 1996.

[87] Michael P. Zuckert, "Locke—Religion—Equality", in *The Review of Politics,* 2005, 67 (3), pp. 419-431.

[88] Michael S. Rabieh, The Reasonableness of Locke, or the Questionableness of Christianity, in *Journal of Politics*, 1991, 53 (4), pp. 933-957.

[89] Montserrat Herrero, "The Philosophical Bible and the Reformation: the Case of John Locke", in *Hispania Sacra*, 2018 (70), pp. 75-83.

[90] Nathan Tarcov, "Political Thought in Early Modern Europe, II: The Age of Reformation", in *The Journal of Modern History*, 1982, 54 (1), pp. 56-65.

[91] Nicholas Jolley, "Leibniz on Locke and Socinianism", in *Journal of the History of Ideas*, 1978 (39), pp. 233-250.

[92] Patricia Springborg, *The Cambridge Companion to Hobbes's Leviathan*, Cambridge University Press, 2007.

[93] Paul E. Sigmund, "Locke's Religion and His Interpretation of Political Thought", in *American Political Science Association Annual Meeting*, 2003 (9).

[94] Peter Gay, *The Enlightenment, an Interpretation: The Rise of Modern Paganism*, Vintage Books, 1966.

[95] Peter Langford, *Modern Philosophies of Human Nature: Their Emergence from Christian Thought*, Dordrecht, Martinus Nijhoff

Publishers, 1986.

[96] Peter Schouls, *Descartes and the Enlightenment*, McGill-Queen's University Press, 1989.

[97] Peter Schouls, *Reasoned Freedom: John Locke and Enlightenment*, Cornell University Press, 1992.

[98] Pierre Manent, *An Intellectual History of Liberalism*, Princeton University Press, 1995.

[99] Quentin Skinner, *Reason and Rhetoric in the Philosophy of Hobbes*, Cambridge University Press, 1996.

[100] Quentin Skinner, *The Foundations of Modern Political Thought*, vol. II, Cambridge University Press, 1978.

[101] R. Thompson, *Colloquies of Erasmus*, University of Chicago Press, 1965.

[102] Richard Aaron, *John Locke*, 3rd., Oxford, Clarendon Press, 1971.

[103] Richard Ashcraft, "Faith and Knowledge in Locke's Philosophy", in John W. Yolton, ed, *John Locke: Problems and Perspectives: A Collection of New Essays*, Cambridge University Press, 1969.

[104] Richard Ashcraft, *Revolutionary Politics and Locke's Two Treatises of Government*, Princeton University Press, 1986.

[105] Richard McKeon, *The Philosophy of Spinoza: The Unity of His Thought*, Longmans Green & Co., 1928.

[106] Robert Faulkner, "Preface to Liberalism: Locke's First Treatise and the Bible", in *The Review of Politics*, 2005, 67 (3), pp. 451-472.

[107] Roland N. Stromberg, *Religious Liberalism in Eighteenth-Century England*, Oxford University Press, 1954.

[108] Ross Harisson, *Hobbes, Locke and Confusion's Masterpiece: An Examination of Seventeeth Century Political Philosophy*, Cambridge University Press, 2003.

[109] Ross J. Corbett, "Locke's Biblical Critique", in *Review of Politics*, 2012, 74 (1), pp. 27-51.

[110] S. C. Brown, ed., *Philosophers of the Enlightenment*, Harvester Press, 1979.

[111] Saint Thomas Aquinas, *Philosophical Texts*, ed. Thomas Gilby, Oxford, Oxford University Press, 1951.

[112] Thomas Brightman, *Apocalypsis Apocalypseos, or a Revelation of the Revelation*, Leiden, 1616.

[113] Thomas L. Pangle, *The Spirit of Modern Republicanism: The Moral Vision of the American Founders and the Philosophy of Locke*, University of Chicago Press, 1988.

[114] Victor Brochard, "Le Dieu de Spinoza", in *Études de philosophie ancienne et de philosophie modern*, Paris: Vrin, 1954.

[115] Victor Nuovo, ed., *Writings on Religion*, Clarendon Press, 2002.

[116] William Haller, "John Foxe and the Puritan Revolution", in *The Seventeenth Century: Studies in the History of English Thought and Literature from Bacon to Pope*, Stanford University Press, 1951.

[117] Wolfgang Reinhard, "Reformation, Counter-Reformation, and the Early Modern State: A Reassessment", in *The Catholic Historical Review*, 1989, 75 (3), pp. 383-404.

中文部分：

[118]《马克思恩格斯文集》，1—10卷，人民出版社2009年版。

[119] 阿利斯特·麦格拉思：《基督教文学经典选读》（上册），苏欲晓等译，北京大学出版社2004年版。

[120] 阿利斯特·麦格拉思：《宗教改革运动思潮》，蔡锦图、陈佐人译，中国社会科学出版社2009年版。

[121] 奥古斯丁:《论自由意志:奥古斯丁对话录二篇》,成官泯译,上海人民出版社2010年版。

[122] 奥古斯丁:《上帝之城》,王晓朝译,人民出版社2006年版。

[123] 斯宾诺莎:《神学政治论》,温锡增译,商务印书馆1997年版。

[124] 巴里·尼古拉斯:《罗马法概论》(第二版),黄风译,法律出版社2004年版。

[125] 斯宾诺莎:《斯宾诺莎书信集》,洪汉鼎译,商务印书馆2017年版。

[126] 斯宾诺莎:《政治论》,谈鑫田、傅有德、黄启祥译,广西师范大学出版社2016年版。

[127] 斯宾诺莎:《伦理学》,贺麟译,商务印书馆2017年版。

[128] 程新宇:《加尔文人学思想研究》,中国社会科学出版社2012年版。

[129] 休谟:《自然宗教对话录》,陈修斋、曹棉之译,商务印书馆1989年版。

[130] 弗里德里希·尼采:《人性的,太人性的——一本献给自由精灵的书》,杨恒达译,中国人民大学出版社2005年版。

[131] 培根:《新工具》,许宝骙译,商务印书馆1984年版。

[132] 哈罗德·伯尔曼:《法律与革命》(第一卷),贺卫方、高鸿钧、张志铭、夏勇译,法律出版社2008年版。

[133] 哈罗德·伯尔曼:《法律与革命》(第二卷),袁瑜琤、苗文龙译,法律出版社2008年版。

[134] 汉娜·阿伦特:《极权主义的起源》,林骧华译,生活·读书·新知三联书店2008年版。

[135] 汉密尔顿、杰伊、麦迪逊:《联邦党人文集》,程逢如、在汉、舒逊译,商务印书馆1980年版。

[136] 何涛:《加尔文政治思想研究路径反思:论斯金纳〈近代政治思想的基础〉下卷对加尔文的误读》,《政治思想史》2014年第3期,第117—127页。

[137] 昆廷·斯金纳：《近代政治思想的基础》（下卷），奚瑞森、亚方译，商务印书馆2002年版。

[138] 罗斯：《斯宾诺莎》，谭鑫田、傅有德译，广西师范大学出版社2018年版。

[139] 刘宗坤：《原罪与正义》，华东师范大学出版社2006年版。

[140] 马丁·路德：《加拉太书注释》，陈江川译，道声出版社1966年版。

[141] 尼科洛·马基雅维利：《君主论》，潘汉典译，商务印书馆1985年版。

[142] 马基雅维里：《论李维》，冯克利译，上海人民出版社2005年版。

[143] 托马斯·杰斐逊：《杰斐逊选集》，朱曾汶译，商务印书馆1999年版。

[144] 梅列日科夫斯基：《宗教精神：路德与加尔文》，杨德友译，学林出版社1999年版。

[145] 彭小瑜：《教会法研究：历史与理论》，商务印书馆2003年版。

[146] 彭小瑜：《基督教与近代西方民族国家》，江西人民出版社2011年版。

[147] 皮科·米兰多拉：《论人的尊严》，顾超一、樊虹谷译，北京大学出版社2010年版。

[148] 马丁·路德：《马丁·路德桌边谈话录》，林纯洁等译，经济科学出版社2013年译。

[149] 卢梭：《爱弥儿：论教育》（上下册），李平沤译，商务印书馆2017年版。

[150] 卢梭：《论人与人之间不平等的起因和基础》，李平沤译，商务印书馆2015年版。

[151] 卢梭：《社会契约论》，何兆武译，商务印书馆2011年版。

[152] 孙帅：《抽空：加尔文与现代秩序的兴起》，商务印书馆2021年版。

[153] 托马斯·阿奎那：《神学大全》，段德智译，商务印书馆2003年版。

[154] 托马斯·霍布斯：《利维坦》，黎思复、黎廷弼译，商务印书馆 1996 年版。

[155] 托克维尔：《论美国的民主》（全二卷），董果良译，商务印书馆 2009 年版。

[156] 沃尔德伦：《上帝、洛克与平等：洛克政治思想的基督教基础》，郭威、赵雪纲等译，华夏出版社 2015 年版。

[157] 许明龙：《关于法国〈人权宣言〉第一条的中译文》，《中华读书报》，2012 年 1 月 11 日第 10 版。

[158] 约翰·加尔文：《基督教要义》（上中下），徐庆誉、谢秉德译，香港基督教文艺出版社 1991 年版；钱曜诚等译，孙毅、游冠辉修订，生活·读书·新知三联书店 2010 年版。

[159] 约翰·洛克：《政府论》（上下），叶启芳、瞿菊农译，商务印书馆 2017 年版。

[160] 洛克：《自然法论文集》，李季璇译，商务印书馆 2014 年版。

[161] 洛克：《人类理解论》（上下），关文运译，商务印书馆 2017 年版。

[162] 洛克：《基督教的合理性》，王爱菊译，武汉大学出版社 2006 年版。

[163] 洛克：《论宗教宽容——致友人的一封信》，吴云贵译，商务印书馆 1982 年版。

[164] 亚里士多德：《尼各马可伦理学》，廖申白译注，商务印书馆 2003 年版。

[165] 詹姆斯·塔利：《论财产权：约翰·洛克和他的对手》，王涛译，商务印书馆 2014 年版。

[166] 张仕颖：《马丁·路德称义哲学思想》，人民出版社 2012 年版。

[167] 张志伟、韩东晖、干春松主编：《西方政治哲学史》（全三卷），中国人民大学出版社 2017 年版。

[168] 赵敦华：《基督教哲学 1500 年》，人民出版社 2005 年版。

[169] 赵敦华、傅乐安主编：《中世纪哲学》（上下），商务印书馆 2013

年版。

[170] 赵敦华:《魔鬼论的现代启示:从基督教哲学观点看》,《江苏行政学院学报》2010年第3期,第24—29页。

[171] 赵敦华:《罗马教廷回应圣经批评运动的七大文献》,《世界宗教研究》2012年第6期,第98—106页。

[172] 周辅成编:《西方伦理学名著选辑》(上卷),商务印书馆1987年版。